PHILIPPE GELUCK

LE DOCTEUR G.

fait le point

casterman

À Jacques et Myriam Mercier

ISBN 2-203-34014-2

Imprimé en Belgique par Casterman, S. A., Tournai. Dépôt légal : novembre 1996 ; D. 1996/0053/318

Le Docteur G. répond à vos questions.
Et c'est bien normal.
Il est là pour ça.
N'hésitez pas à vous confier à lui.
Il est à votre écoute.
En plus, aujourd'hui, il est de garde.
C'est dans l'ordre des choses.
C'est son rôle.
Et il le fait de bon cœur.
C'est tout naturel.
Ça lui fait plaisir.
Écrivez-lui.
N'oubliez pas de mettre un timbre pour la réponse.
Le Docteur G. est votre ami.
Épanchez-vous.
Ne lui dites pas merci, c'est son métier.
Il trouvera une solution à votre problème.
Il est payé pour ça.
Très bien d'ailleurs.
Le Docteur G. est une grande oreille.
C'est sa fonction.
Il le sait.
Il est très gentil, le Docteur G.
C'est un bon docteur.
Il est là pour tous.
Et pour les autres aussi.
Le Docteur G. ne fait pas de distinction.
Il roule pour vous.
Sachez-le.
Prions ensemble, mes frères.
Merci Docteur G.
Il n'y a pas de quoi.

Ghislaine O. de Hermeton-sur-Meuse

Cher Docteur G.,

Samedi soir, nous avons oublié de mettre notre grand-père dans sa chambre. Comme il est paralysé, il est resté toute la nuit devant le poêle du salon et, dimanche matin, nous avons été réveillés par une odeur de brûlé.
Nous n'aurions pas pu l'entendre crier, car nous avions aussi oublié de lui retirer le sparadrap que nous lui collons sur la bouche pour qu'il ne parle pas pendant que nous regardons la télé. L'enterrement a lieu après-demain.
Avec le recul, une chose nous console : c'est de savoir qu'il voulait se faire incinérer.

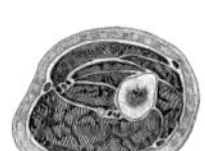

Avec ce que vous économisez en frais de crémation, vous allez pouvoir vous racheter un fauteuil de salon neuf. Le monde est bien fait, quand même.

Guy Claude K. de Bruxelles

Cher Docteur G.,

J'ai un gros problème. Je viens de rentrer en Belgique après avoir passé onze ans à l'étranger. J'ai quitté Bruxelles en 1985 pour des raisons professionnelles. Mais voilà ! En partant, j'ai oublié de fermer le robinet de la baignoire. Heureusement, je n'avais pas mis le bouchon, et ça n'a pas débordé. Mais ça a coulé pendant onze ans. La compagnie des eaux me demande de régler aujourd'hui une facture de deux millions cent vingt-sept mille mètres cubes d'eau.
Ils m'ont dit que si tout le monde avait fait comme moi, la Meuse aurait été à sec en six jours.
Que dois-je faire ?

Je ne vois qu'une solution : fuyez en Amérique du Sud. Des tas de criminels nazis l'ont fait avant vous. Mais eux, c'est le gaz qu'ils avaient oublié d'éteindre en partant.

ADMA asbl (association des malades amnésiques)

Cinquième rappel !

Cher Docteur G.,

Nous n'avons pas encore reçu votre cotisation pour l'année 1996.
Vous seriez aimable de ne pas oublier de verser
la somme de 500 francs sur notre compte 068-2943120-42
au moyen du bulletin de versement ci-joint.

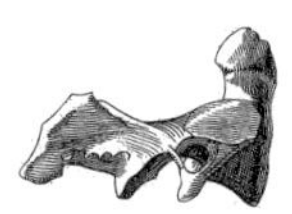

Mes amis, je vous rappelle pour la quatrième fois que j'ai payé ma cotisation le 3 janvier 1996. Et, quitte à me répéter, je vous le dis encore : ne confiez pas le travail de secrétariat à des membres de l'association. L'idée de vouloir distraire les malades me paraît excellente dans l'absolu, mais dans le cas qui nous occupe, ça complique tout et ça occasionne des frais de timbres inutiles.

CHER DOCTEUR G., J'AI UN NEZ TELLEMENT GROS QUE JE N'OSE LE MONTRER À PERSONNE

Madeleine F. de Dodelinsart

Cher Docteur G.,

Lors de sa dernière visite,
il y a cinq jours, notre infirmière
à domicile a oublié sa seringue dans
la fesse de mon mari.
Puis-je l'en retirer moi-même
ou dois-je faire appel à du personnel
médical ? Mon mari éprouve d'énormes
difficultés à remettre son pantalon...

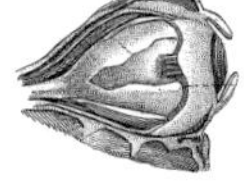

Vous pouvez, sans danger, retirer vous-même la seringue de la fesse de votre mari, d'un coup sec. Veillez simplement à désinfecter à l'alcool ou, à défaut, au Cinzano ou au Grand Marnier.

Ferdinand H. de Quenast

Cher Docteur G.,

Depuis notre mariage, ma femme et moi
n'avons eu aucun rapport sexuel.
Est-ce normal ? Nous sommes mariés depuis plus de
vingt ans (vingt-neuf ans et demi exactement).
Je commence à avoir très envie d'elle d'autant plus que,
depuis le premier jour, je lui ai été fidèle.
Elle semble insensible à mes avances.
J'ai pourtant tout essayé : l'hypnose, la danse de salon,
l'alcool, les plats épicés... résultat : elle a attrapé des brûlures
d'estomac. Que faire ?

Pendant trois jours, supprimez le sucre, le café et l'alcool. Donnez-lui un anti-acide une demi-heure avant les repas.

Thierry (quatre ans et demi) de Fléron

Cher Docteur G.,

J'ai 4 ans 1/2 et j'ai déjà écrit 3 romans, composé 2 symphonies, 12 concertos et quelques sonates. Ma maman dit que je suis précoce. Qu'est-ce que ça veut dire précoce ?

Ça veut dire que tu es en avance sur ton âge.

Alban d'Albi

Cher Docteur G.,

Ne vous semble-t-il pas étrange qu'un ongle incarné me fasse davantage souffrir que l'idée du calvaire enduré au même instant par dix enfants yougoslaves mutilés par l'explosion d'une voiture piégée dans une rue de Sarajevo ? Ne vous semble-t-il pas sidérant que mon voisin aviné puisse en toute impunité, parce qu'il vit en démocratie, proférer des âneries sur le confort de sa Toyota, sur l'offre du mois de chez Leclerc ou sur la grossesse siliconée de Pamela Anderson à l'instant où ses homologues tibétains tombent sous les balles des militaires chinois parce qu'ils demandent simplement qu'on les laisse méditer au calme ? Ne vous semble-t-il pas inquiétant que nous nous préparions à offrir à notre enfant son douzième jeu Nintendo ou sa seizième poupée Barbie tandis qu'au même moment un million de ses congénères à travers le monde auraient peut-être tout simplement, s'ils avaient appris à écrire, demandé au père Noël de leur déposer un vaccin contre le paludisme dans leur petit soulier ? Ne vous semble-t-il pas énorme qu'il nous suffise d'appuyer sur un bouton pour chasser dans les égouts un petit pipi, libérant dix litres d'eau potable à l'instant où des femmes soudanaises achèvent une marche de quatre heures sous un soleil de plomb, ramenant chez elles dix litres d'eau tellement trouble que nous n'en voudrions pas pour laver notre auto ? Et ne vous semble-t-il pas stupéfiant, enfin, que je perde tellement de temps à vous écrire au lieu d'envoyer, aux bons soins d'Ammesty International, une lettre à Donc Tuy au Viêtnam ou à Sheikh Makki Akhound en Iran, tous deux emprisonnés pour leurs idées.

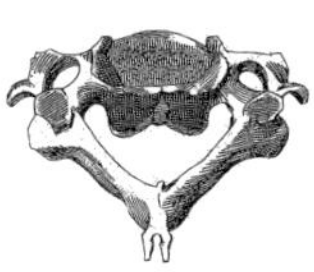

C'est ce que j'allais vous dire.

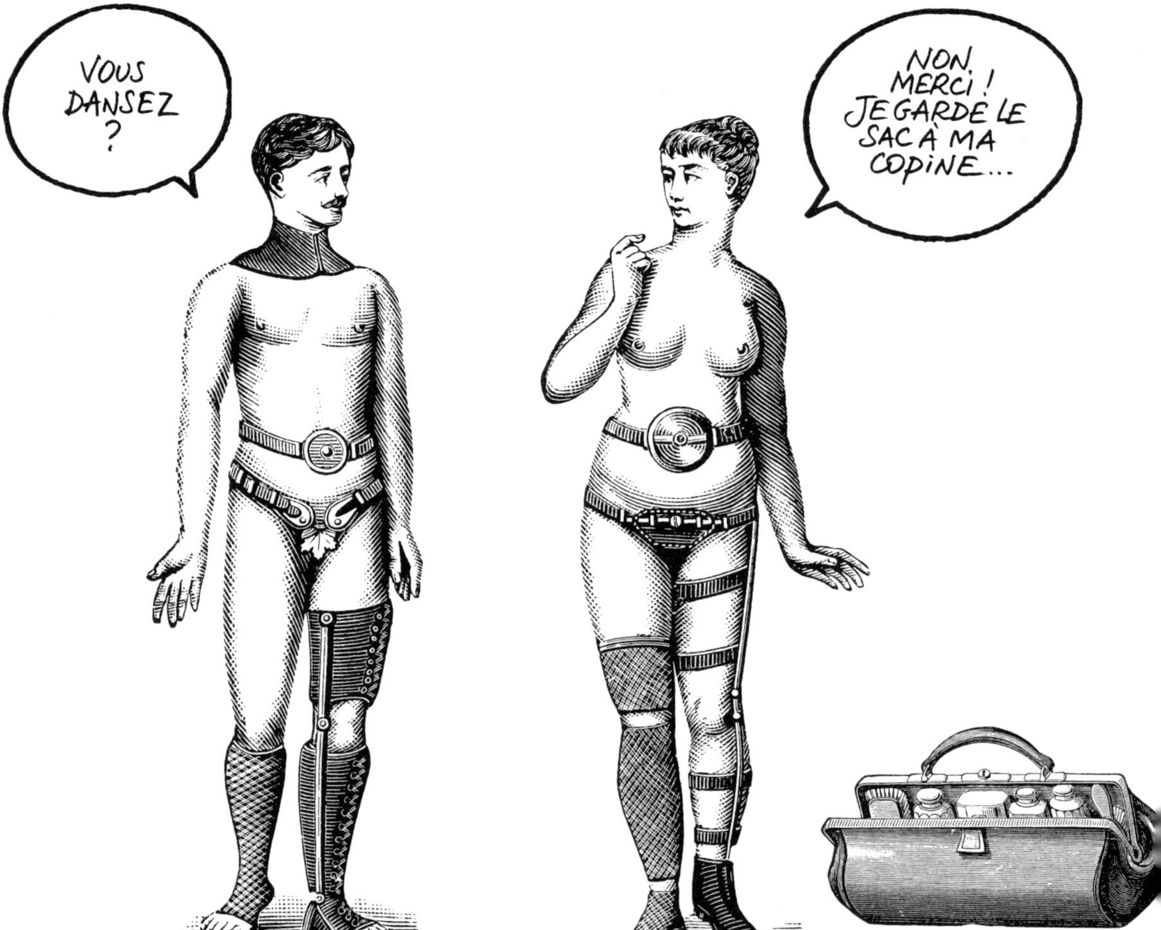
VOUS DANSEZ ?
NON MERCI ! JE GARDE LE SAC À MA COPINE...

Marcel de Loupoigne

Cher Docteur G.,

Je suis en train d'écrire un roman en partie autobiographique, et j'aimerais connaître votre avis sur mon travail. Pour que vous saisissiez bien la part de création pure dans l'ensemble de l'œuvre, j'ai indiqué entre parenthèses ce qui était réellement inspiré de ma vie et ce qui ne l'était pas :
Chapitre I : *Mardi matin, je me suis réveillé vers 8 h 30 et j'ai entendu du bruit dans la cuisine* (ce passage est entièrement autobiographique). *C'était Cindy Crawford qui me préparait un nescafé avec deux sucres et du lait. Elle ne portait qu'une petite combinaison de soie avec rien en dessous. Elle m'apporta la tasse brûlante dans la chambre sombre.* (Ceci est de la fiction, néanmoins empreinte d'un certain réalisme puisque je bois en effet du nescafé avec du sucre et du lait). *Je m'allongeai sur elle et je la fis hurler de plaisir pendant des heures, là, sur le lit défait.* (Dans ce passage, la fiction et la réalité se mêlent subtilement. Le début et la fin sont réels : *Je m'allongeai (...) sur le lit défait.* Entre les deux, c'est de la création pure.)

Votre bouquin a l'air formidable et pas chiant pour deux sous (cet avis n'est bien entendu que de la fiction pure).

Irène H. de Mol

Cher Docteur G.,

Nous avons acheté, il y a quelques mois, une petite maison dans la périphérie de Mol. L'immobilier y est beaucoup moins cher qu'ailleurs. Du côté rue, nous ne voyons absolument pas du tout la centrale nucléaire. Du côté jardin, si, et même très bien puisque nous avons une clôture mitoyenne. Et mon mari, quand il bêche son potager, bavarde souvent avec les hommes en combinaison de l'autre côté du grillage. Mais il ne comprend pas toujours ce qu'ils disent à cause du masque qu'ils ont sur le visage. Mais voici pourquoi je vous écris : vers la fin du mois d'octobre, mon mari, qui ne s'expose jamais au soleil, s'est mis à peler anormalement sur tout le dos. Dois-je m'inquiéter ?

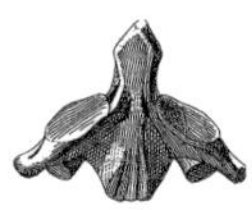

Que nenni ! chère amie... N'oubliez pas que la peau humaine est constituée de plusieurs couches superposées et que nous pouvons en perdre quelques-unes sans le moindre problème. Si tous les riverains de centrales nucléaires devaient s'inquiéter pour si peu, où irions-nous ? Cependant, si votre mari se met à saigner régulièrement sur tout le corps, mettez-lui un peu de Nivea.

Cher Docteur G.,

Mon voisin et moi, nous ne
nous entendons pas très bien.

Il y a quelques semaines, sa poule
a abîmé mes fleurs.

Le lendemain,
mon chien a mangé sa poule.

Peu après, mon voisin a écrasé mon chien
avec sa voiture.

À la suite de quoi, j'ai roulé sur sa voiture
avec mon camion.

Et lui, après avoir mis le feu à mon
camion, est devenu l'amant de ma femme.

Je m'en fous ! (Elle a le sida.)

Bruno d'Agen

Cher Docteur G.,

Ma femme et moi ne pouvons avoir d'enfant et nous voudrions en adopter un. Nous ne savons pas trop vers quelle partie du globe orienter notre choix. Nous pensons surtout à plus tard, lorsqu'il grandira. Nous avons d'abord envisagé le Viêtnam ou le Cambodge, car nous adorons la cuisine exotique, mais à quel âge commencent-ils à cuisiner convenablement ? Nous avons ensuite tourné notre regard vers l'Inde, car nous imaginons bien que notre bonne portugaise ne va pas rester éternellement ici, et il paraît que l'Indien est très propre et très serviable. Quel conseil donneriez-vous à de futurs parents qui attendent beaucoup de l'adoption ?

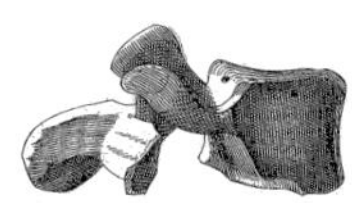

C'est tout à votre honneur de vouloir donner un foyer à un petit être démuni. Mais pourquoi, effectivement, ne pas joindre l'utile à l'agréable ? Vous pourriez également adopter un petit Écossais qui gérera admirablement votre budget ou un petit Peau-Rouge avec qui vous ferez l'économie d'un costume de carnaval quand il jouera aux cow-boys et aux Indiens avec ses cousins.

Édith de Nantes

Cher Docteur G.,

Mon fils vomit tout ce qu'il mange. Et pourtant, Dieu sait si je soigne mes petits plats ! Il ne reçoit que des produits frais : foie de bœuf, tartare de tripes de faisan, soupe de peau de lièvre, sorbet de cervelle de porc. Il ne boit que du lait battu et du sang de cheval.
Alors quoi ?

Essayez les nouilles au beurre, pour voir.

Guillaume B. de Waremme

Cher Docteur G.,

J'ai la nette impression que ma voiture consomme trop.
Je viens de calculer qu'elle brûle environ 650 l aux 100 km.
Autant qu'un Boeing 727. Mais avec une Toyota Tercel !
Bien sûr, je ne fais jamais 100 km d'une traite.
Avec mon réservoir de 40 l, je n'ai qu'une autonomie
de 6 km. Comme j'habite à 3 km d'une pompe à essence,
j'utilise la moitié du plein pour aller à la station-service et l'autre
moitié pour revenir chez moi. Et ça fait trois ans que ça dure !
Que feriez-vous à ma place ?

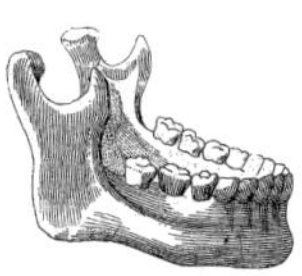

Si j'étais vous, je revendrais cette voiture le plus vite possible. Mais il faudra impérativement trouver quelqu'un de plus con que vous, et vous risquez de devoir chercher longtemps. Mon conseil : jetez votre auto et achetez-en une nouvelle car, pour le prix en carburant d'un aller-retour à la Côte d'Azur, vous pourriez vous acheter une Jaguar neuve et une caravane.

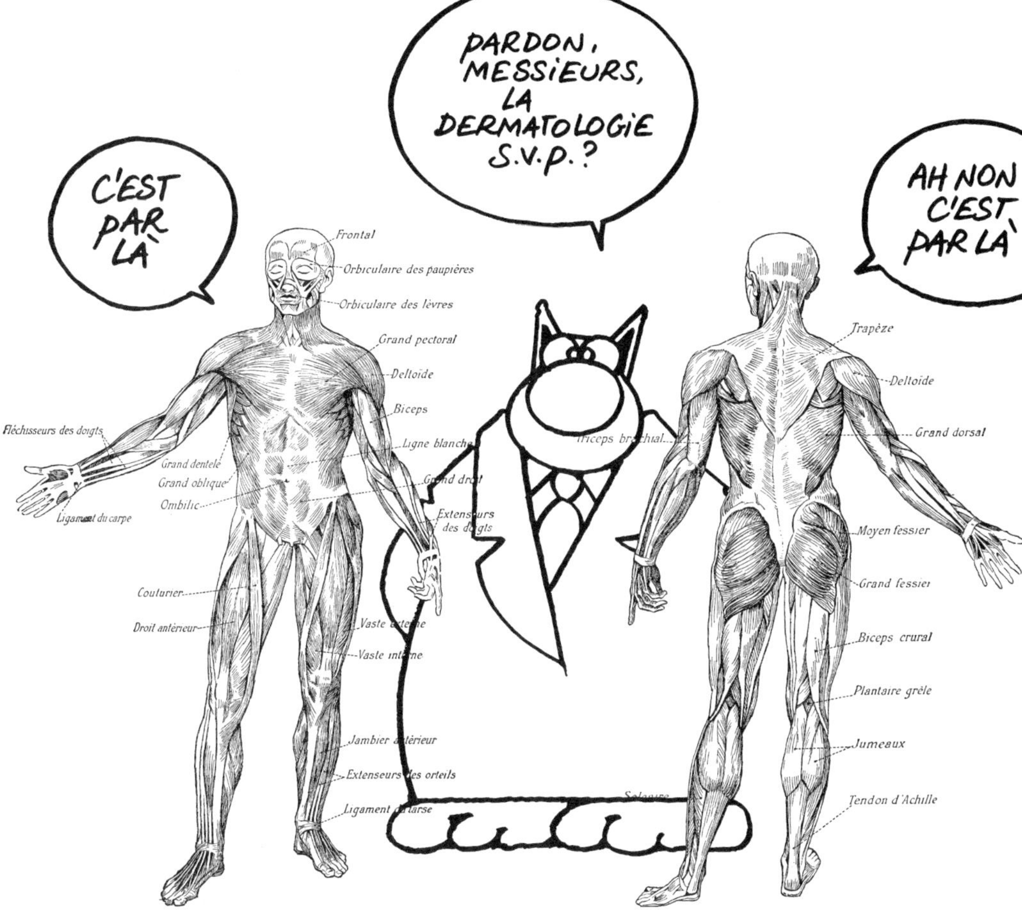
PARDON, MESSIEURS, LA DERMATOLOGIE S.V.P. ?
C'EST PAR LÀ
AH NON ! C'EST PAR LÀ
Frontal
Orbiculaire des paupières
Orbiculaire des lèvres
Grand pectoral
Deltoïde
Biceps
Fléchisseurs des doigts
Ligne blanche
Grand dentelé
Grand oblique
Ombilic
Ligament du carpe
Couturier
Droit antérieur
Trapèze
Deltoïde
Grand dorsal
Moyen fessier
Grand fessier
Biceps crural
Plantaire grêle
Jumeaux
Tendon d'Achille

Robert de Vichy

Cher Docteur G.,

Je suis certain que ceci vous amusera : je m'appelle Perrier et j'habite Vichy !

J'avoue avoir rarement autant ri de ma vie. J'ai moi-même connu un type qui s'appelait Badoit et qui habitait Évian. Et un autre qui s'appelait Oasis et qui habitait Orangina.

Claudy R. de Braine-l'Alleud

Cher Docteur G.,

Je suis pianiste et, il y a deux semaines, je me suis pris les doigts dans la porte automatique du garage. J'ai dû attendre l'arrivée du facteur, le lendemain matin, pour recevoir de l'aide étant donné que j'habite seul dans une maison isolée. J'ai été très bien soigné par le docteur Muller et je suis actuellement en convalescence. Il avait d'abord cru qu'il ne devrait amputer que la main droite (ce qui m'aurait permis de jouer encore le concerto pour la main gauche de Ravel), mais il n'a finalement pu sauver qu'un doigt sur les dix. Pensez-vous que je puisse encore espérer me présenter au concours Reine Élisabeth ?

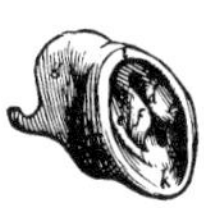

Pourquoi pas ? Mais il faudrait mettre à votre répertoire des transcriptions pour piano d'œuvres pour triangle ou grosse caisse. Je crains que le cercle un peu coincé des mélomanes pur jus ne vous toise alors d'un air méprisant. Dites-vous qu'avec ce qu'il vous reste de doigt(s) vous en avez plus qu'il n'en faut pour indiquer leur chemin aux passants, pour compter jusqu'à un et pour pratiquer des touchers rectaux.

Rodolphe N. d' Etterbeek

Cher Docteur G.,

J'ai très mauvaise haleine et je crains que mon entourage n'en souffre. Chez moi, ma femme et mes trois enfants se sont habitués à s'habiller chaudement pour vivre avec les portes et les fenêtres ouvertes. Certains jours, c'est plus grave que d'autres, je le vois bien : quand ils se réfugient tous les cinq au fond du jardin. Ils ont beau me dire que c'est pour profiter du soleil. Je ne m'y trompe pas ! Est-ce qu'on profite du soleil avec un ciré, des bottes et un masque à gaz ? J'ai téléphoné plusieurs fois à SOS Amitié, mais, à chaque fois, j'ai la quasi certitude que mon correspondant tient le combiné à bout de bras. Que faire ?

Mettez-vous au service d'un trafiquant de drogue. Aucun chien-douanier ne décèlera la présence de stupéfiants dans le double fond de votre valise. Une fois fortune faite, mangez tous les matins quelques billets de 500 balles. L'argent, dit-on, n'a pas d'odeur.

NE T'ÉLOIGNE PAS TROP !

Cher Docteur G.,

Je n'ai vraiment pas de chance.
Je suis aveugle et non-voyant.
Et ma fiancée a de l'acné.

Alors vous, les aveugles, vous êtes incroyables ! Vous avez toujours tendance à voir le mauvais côté des choses. Essayez de positiver, mon vieux ! Pensez aux économies d'électricité que vous faites chaque soir. Quant à votre fiancée : elle a des boutons, c'est vrai, mais au moins ça vous donne l'occasion de lui lire les joues en braille.

Jean de Rebecq

Cher Docteur G.,

Nous devions prendre nos vacances en Espagne au mois d'août dans un camping de la Costa Brava. J'avais fait les réservations et payé à l'avance la moitié des arrhes. Sur la route, peu après Lyon, nous avons été heurtés de plein fouet par un poids lourd qui nous a projetés dans le Rhône. J'ai très vite compris que nos vacances étaient à l'eau. D'autant plus que ma femme et mes trois enfants sont morts dans l'accident. Jusque-là, rien de drôle, me direz-vous ! Mais figurez-vous qu'au camping, où je suis parvenu avec quatre jours de retard, on m'a réclamé la location complète ! Qu'avais-je à faire, moi, d'un emplacement pour cinq personnes pendant vingt-neuf jours, alors que je n'y serais que pendant vingt-quatre jours et seul, qui plus est !
Ces Espagnols sont incroyables !
Ça, c'est le genre de chose
qui vous gâche vraiment vos vacances !

La prochaine fois, prenez le train, les veufs paient demi-tarif.

Henri de Ciney

Cher Docteur G.,

Je suis actuellement en traitement chez un psychanaliste au rythme d'une séance hebdomadaire. À chaque fois, c'est pareil : il me demande de m'allonger sur le divan et de lui raconter ma vie. Mais moi, dès que je suis couché, c'est recta, mes paupières deviennent lourdes et je m'endors. Voilà donc huit mois que je vais dormir chez un type qui finit par me taper sur l'épaule en me réclamant 3 000 balles.

À ce prix-là, vous feriez mieux de prendre une chambre d'hôtel. Là, au moins, le petit déjeuner est compris et vos chaussures seraient cirées.

Docteur,

L'année passée, le dimanche 16 mai, notre grand-mère a eu un malaise digestif. Nous avons appelé le médecin de garde, c'était vous. Vous lui avez administré un remède de votre composition. Notre grand-mère est morte trois heures après votre visite. Deux mois plus tard, ma belle-sœur, venue vous consulter pour un ongle incarné, est décédée dans d'atroces souffrances le soir même. Depuis le 20 septembre 94, date à laquelle vous avez pratiqué une chirurgie plastique du visage chez ma femme, j'ai la désagréable impression de partager ma vie avec Philippe Léotard. Ne parlons pas de mon père sur qui vous avez tenté un massage cardiaque sur le foie (paix à ses cendres). Ne parlons même pas de moi qui ai été amputé des deux jambes parce que « monsieur » avait confondu deux dossiers. J'en viens parfois à me demander si nous allons vous garder comme médecin de famille ?

Vous savez, la médecine n'est pas une science exacte. J'admets parfaitement que vous vous posiez des questions, car il semble que votre famille ait joué de malchance. L'honnêteté ne doit cependant pas vous faire omettre de signaler que je suis le premier à reconnaître mes erreurs. Quand j'estime que la responsabilité d'un décès me revient, c'est moi qui offre le pot après l'enterrement. Et c'est bien normal !

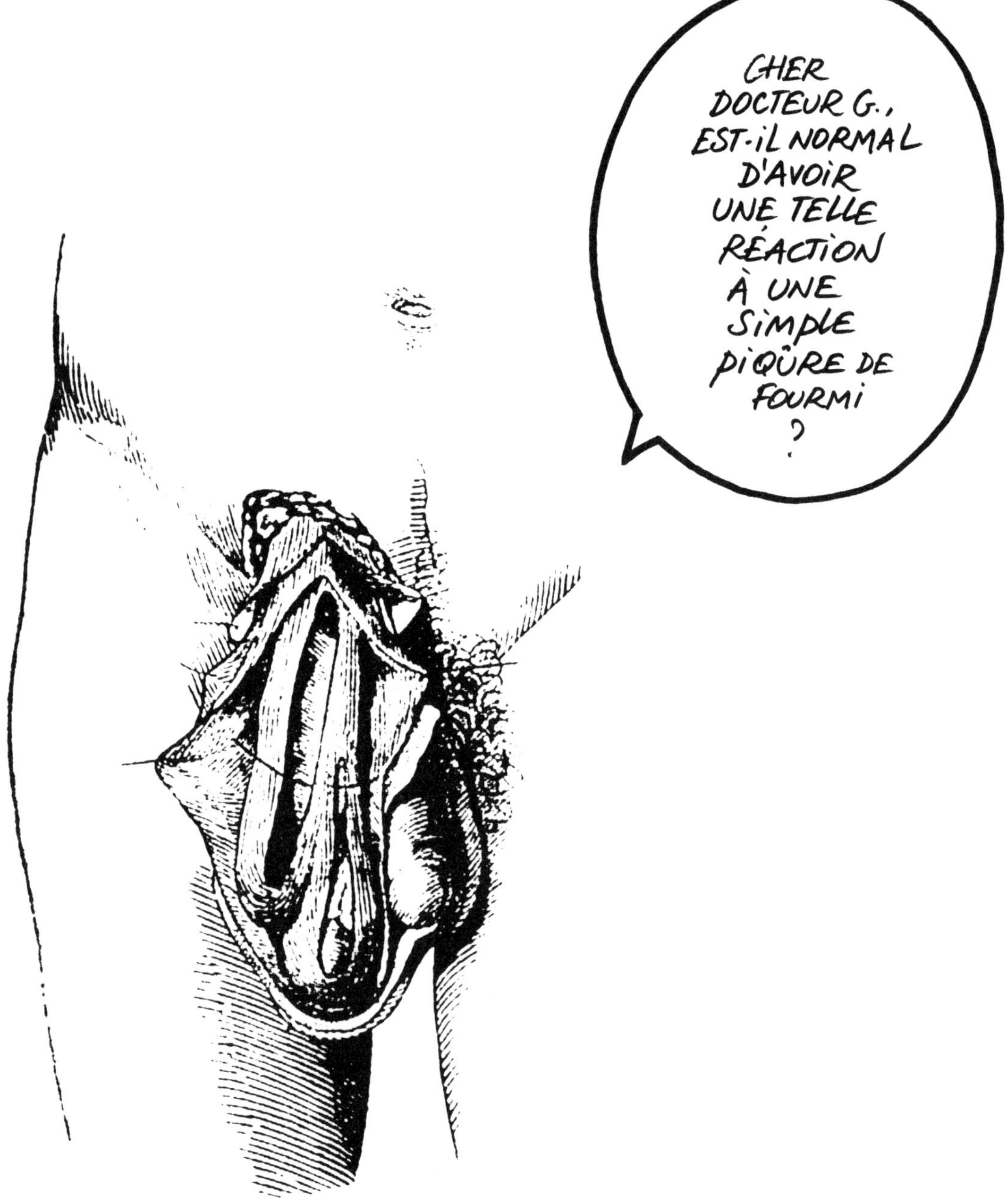
CHER DOCTEUR G., EST-IL NORMAL D'AVOIR UNE TELLE RÉACTION À UNE SIMPLE PIQÛRE DE FOURMI ?

Lætitia R. de Ciney

Cher Docteur G.,

Mes enfants ont sept et huit ans et m'assaillent de questions
sur l'existence du père Noël.
Que dois-je leur dire ?
Puis-je prendre le risque de briser un si joli rêve ?

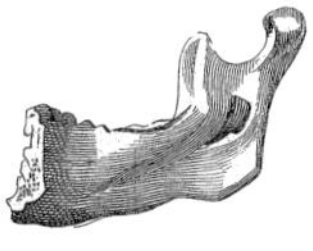

Si j'étais vous, je leur avouerais franchement que le père Noël n'existe pas et, tant que vous y êtes, dites-leur aussi que Captain Igloo, M. Propre et Jean-Paul II non plus. Il vaut mieux que ça leur fasse mal un bon coup. Et puis, ce sera fini.

Cher Docteur G.,

Nous avons passé la soirée la plus originale de l'année.
En attendant la monnaie unique du grand marché euro-
péen du traité de Mêêêstrittch, nous nous sommes déjà
mis à l'heure des Douze.
Nos hôtes avaient composé le menu suivant :
apéritif espagnol (la sangria),
potage portugais (la soupe de morue),
plat allemand (la choucroute garnie),
la France était représentée par le trou normand,
la Grande-Bretagne par le gigot à la menthe
et la Grèce par la feta.
Le dessert était italien (tranche milanaise),
le café colombien
(parce qu'on ne pouvait pas faire autrement),
le pousse-café luxembourgeois (quetsch)
et les cigares, danois.
L'Irlande était, bien sûr, présente avec l'irish coffee,
et l'eau gazeuse était belge.

La seule note discordante fut le vin hollandais servi tout au long du repas. Un *Schipol 86* que nous ne sommes pas près d'oublier. J'ai tout vomi vers 4 heures du matin dans les chiottes à la turc d'un bar libanais, et je peux vous dire que l'Europe des Douze a une drôle de couleur bleuâtre.

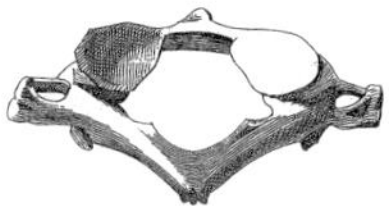

Dommage qu'à table on ne vous ait pas servi du maïs, vous auriez eu sous les jeux le drapeau avec les petites étoiles.

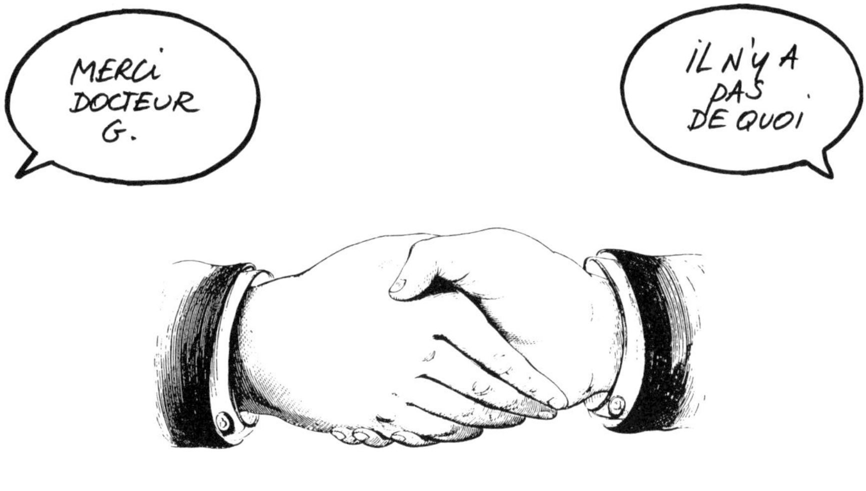

Robert D. d'Etterbeek

Cher Docteur G.,

Je m'appelle Robert Dubois. J'habite 42 avenue de la Chasse à 1040 Bruxelles, téléphone 735 96 09, préfixe 02. Je désire rester dans l'anonymat le plus complet, car le problème que je voudrais vous soumettre est très délicat. Je suis exhibitionniste. Je me produis dans les couloirs du métro tous les soirs à 20 h 45 sauf le dimanche à 15 heures, relâche lundis et jours fériés. Je suis sensible des bronches et le moindre chaud et froid m'est fatal.

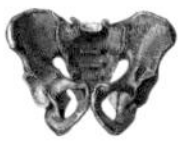

Rien ne vous empêche de ne pas être entièrement nu sous votre imperméable. Mettez au moins un Damart. Ou alors, n'exposez au regard des passants que le strict nécessaire. C'est déjà bien assez !

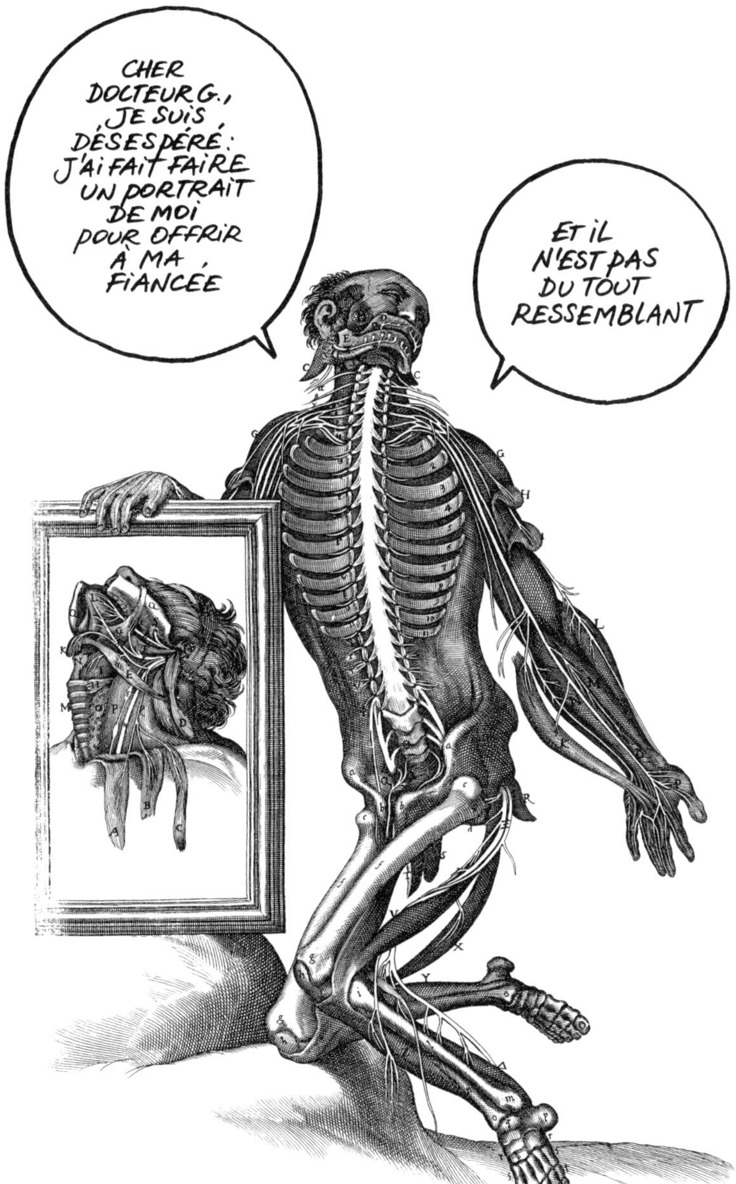
CHER DOCTEUR G., JE SUIS DÉSESPÉRÉ : J'AI FAIT FAIRE UN PORTRAIT DE MOI POUR OFFRIR À MA FIANCÉE
ET IL N'EST PAS DU TOUT RESSEMBLANT

Jean-Marc C. de Mellery

Cher Docteur G.,

Les habitants du Brabant wallon, et particulièrement les riverains de la décharge de Mellery, ont été surpris de trouver dans leur boîte aux lettres un formulaire de virement bancaire accompagné d'une lettre les sommant d'acquitter une taxe de 600 francs pour l'amélioration de l'environnement. Ici à Mellery, c'est un peu comme si on nous faisait payer une amende parce que nous habitons trop près d'un dépotoir chimique clandestin. Ou alors nous avons tout faux ? Et l'idée est excellente ! C'est vrai, au fond : à l'époque, on aurait dû demander aux habitants de Bhopal et de Seveso de payer une taxe spéciale pour la reconstruction d'une usine chimique encore plus sûre que la précédente. Le gouvernement français aurait dû, lui aussi, percevoir un impôt auprès des habitants de Bretagne pour le nettoyage des côtes qui semblaient un moment attirer les marées noires tel le caca les mouches. Et pourquoi, au lendemain de la Deuxième Guerre mondiale, n'aurait-on pas réclamé aux survivants des camps de concentration une contribution pour le remblaiement des charniers et fait payé leur billet de retour à ceux qui étaient venus gratuitement en train ?

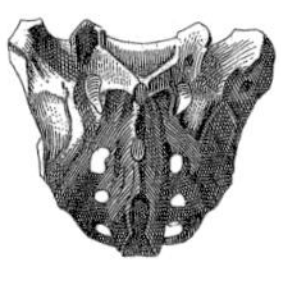

Heu...

Denise V. de Bruxelles

Cher Docteur G.,

Avant-hier soir, j'étais en ville avec mon mari lorsque je lui ai demandé de prendre un peu d'argent au Mistercash.
Il a mis sa carte dans la fente mais s'est trompé de code secret. Ça l'a énervé et il s'est encore trompé deux fois et la machine a fini par avaler sa carte. Alors, il a essayé de la récupérer en chipotant dans la fente avec les pointes de sa cravate. Mais, tout à coup, la machine a avalé sa cravate comme si c'était une carte. Et pas moyen de la retirer ! Que faire ? Pendant que mon mari, penché en avant, essayait de décoincer sa cravate, moi je suis allée téléphoner à Touring Secours. D'abord, ça ne répondait pas, puis ils m'ont dit que, si ce n'était pas un problème de voiture, ils ne pouvaient pas intervenir. J'ai ensuite voulu appeler Europ Assistance, mais je n'avais plus de monnaie. Quand je suis arrivée près de mon mari pour lui en demander, il m'a dit que des voyous étaient venus lui voler son portefeuille et ses chaussures. Il avait bien essayé de ruer et de leur donner des coups de pieds, mais, chaque fois qu'il bougeait, sa cravate se serrait un

peu plus dans l'appareil. Là, je me suis affolée et j'ai fait le tour du bloc en hurlant. Pour seule réponse, j'ai entendu hurler quelqu'un d'autre : c'était mon mari. Les voyous étaient en train de lui voler tout ce qui lui restait. Quand je l'ai aperçu, il n'avait plus que sa cravate. Mon Fernand avait l'air si désemparé, tout nu, penché sur sur le Mistercash. Il grelottait. Et chaque fois qu'il éternuait, sa cravate le serrait un peu plus et il devenait tout mauve. Alors, je me suis vraiment inquiétée. J'aurais voulu me mettre en quête d'un agent, mais je n'osais pas non plus laisser mon mari tout seul de peur que les voyous ne reviennent pour le sodomiser. Alors nous avons passé la nuit là en attendant l'ouverture de l'agence. Que notre histoire puisse au moins servir de leçon à ceux qui vous écoutent.

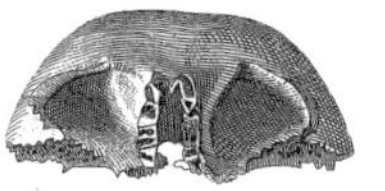

Eh oui ! Et c'est d'ailleurs pour que ce genre d'aventure ne leur arrive pas que Henri Chappier et Garcimore portent un nœud papillon.

LE FRENCH CANCAN REVIENT
— À LA MODE —
ACH! PARIS
BEDIDE MATEMOIZELLE
MONTRÛÛÛC EN PLÛÛÛME...

Denise de Nice

Cher Docteur G.,

J'ai les dents jaunes.
Et comme, en plus, j'ai des caries,
mon sourire ressemble à une banane.

Que faire ?

Chaque matin, passez-vous les dents au Tipp-Ex. Ce produit sert d'ordinaire à masquer les fautes de frappe. Dans votre cas, il masquera une faute de goût. L'emploi quotidien du Tipp-Ex est sans danger. Ne prenons comme exemple que Jean-Marc Morandini, qui s'en met non seulement sur les dents, mais aussi sur le blanc de l'œil, les jours où il l'a un peu jaune.

Émile R. de Couvin

Cher Docteur G.,

J'ai la chance de partager ma vie avec une célébrité : ma femme figure plusieurs fois au dictionnaire. Dans le nouveau Larousse médical. Bien sûr, son nom n'est jamais mentionné, mais ils ont retenu sa photo page 76 à *bec de lièvre*, page 137 à *drainage* et page 420 à *impétigo*. Il y a un très joli gros plan d'elle page 183 à *goitre* et aussi à *glossite*. C'est encore elle page 302 à *scoliose*, mais elle est de dos. Moi qui la connais bien, je la reconnaîtrais entre mille à *purpura* page 260 et sur la reproduction de sa radio de l'*ostéochondrose du fémur*. Les photographes lui ont dit que, si tous les sujets pouvaient avoir comme elle autant d'affections à la fois, leur travail en serait grandement simplifié. Je ne la soigne pas trop parce que nous espérons secrètement que, l'année prochaine, elle pourra encore étendre sa présence.

En tout cas, une chose est sûre : si Larousse éditait un calendrier médical, votre épouse deviendrait du jour au lendemain la Pamela Anderson du polype et de la scarlatine.

Oreste de Blois

Monsieur,

Je trouve votre rubrique grotesque et vulgaire.
Ma réaction a toujours été de ne pas vous écrire
pour vous signifier mon mépris !
Mais comme vient de me le faire
très justement remarquer ma femme :
comment saurez-vous que je ne vous écris pas
si je ne vous l'écris pas ?
Je vous écris donc pour vous dire que je ne vous écris pas.

Je ne puis vous répondre qu'une chose : je ne vous réponds pas !

LE JOUEUR DE THERMOMÈTRE

Maurice M. d'Enghien

Cher Docteur G.,

Pour économiser l'eau chaude, ma femme fait la vaisselle
en prenant son bain. J'ai ainsi la désagréable impression que ma
compagne sent à la fois les rillettes, la mayonnaise, le pudding
et la Kronenbourg et que les verres et les assiettes sentent
les pieds et les dessous de bras.
Tout cela est-il bien hygiénique, au fond ?

Le souci d'économiser l'énergie honore la ménagère. Pour ce qui est de l'hygiène, ne vous tracassez pas, les détergents modernes dissolvent de la même manière les graisses végétales et celles de la femme au foyer.

Robert v. d. M.

Sénateur,
Bourgmestre,
Ancien ministre,
Lieutenant de réserve,
Ambassadeur plénipotentiaire de Sa Majesté le roi des Belges auprès de l'Organisation des Nations unies de 1957 à 1965,
Chevalier de l'Ordre de Léopold,
Chirurgien auprès des hôpitaux de Paris,
Résistant et ancien déporté,
Décoré de la croix de guerre,
Président de l'association
LES AMIS DES ANCIENS DÉPORTÉS,
Docteur honoris causa de l'université de Liège,
Professeur de philologie germanique à la faculté de Nanterre,
Membre honoraire de l'amicale des anciens de Cambridge,
Chevaliers des Arts et Lettres,
Vice-président de la société des gens de lettres,
Président par interim du CNUF,
Administrateur délégué du FIRPAC,
Trésorier de l'asbl Pro-Musica,
Administrateur de la FARF,

Cher Docteur G.,

J'ai 78 ans et, quand on a eu une vie bien remplie,
on doit s'habituer à écrire des lettres très courtes.
Bien à vous.

Étienne B. d'Angleur

Cher Docteur G., ou plutôt cher confrère,

Je ne supporte pas la vue du sang. Or, dans mon métier, j'y suis confronté quotidiennement : je suis chirurgien. Mes infirmières épongent un maximum, mais il en reste toujours. Alors quand j'opère, je ne regarde pas. Mais ça crée des problèmes : je coupe à côté. J'entaille mes assistants. J'ai même un jour recousu un bouton de pyjama au lieu d'une aorte sectionnée. Ça ne peut plus durer !
Cette phobie me vient sans aucun doute de l'enfance : mon père, qui était fakir autodidacte, avait un numéro minable dans une troupe de cirque amateur de la région de Cheratte. Ils ne jouaient qu'une fois par semaine, le samedi. Dans son numéro, il marchait sur du verre pilé, s'enfonçait des aiguilles à tricoter dans les bras, avalait du fil de fer barbelé et se donnait de grands coups de hache sur la tête en disant : « Je n'ai pas mal ! ah ! ah ! ah ! Ça fait du bien ! C'est extra ! » N'empêche qu'au terme de chaque représentation il était emmené par le SAMU, devait passer six jours en clinique dont trois en réanimation et se trouvait à peine remis sur pied pour la représentation du samedi suivant. Au fil des semaines, il continuait courageusement à se présenter devant un public de plus en plus perplexe. Réentaillant des plaies à peine cicatrisées, cassant au marteau des plâtres tout juste secs, enfonçant des aiguilles sous des croûtes encore suintantes. J'ai assisté à chacune de ses représentations après la mort de ma mère. Un samedi soir

où lui-même était trop mal en point pour jouer seul, il l'avait convaincue d'être sa partenaire dans le numéro de la femme coupée en deux. J'étais dans les coulisses et j'ai assisté impuissant aux derniers instants de cette femme qui s'était toujours coupée en quatre pour moi. Ce fut insoutenable. Ma mère hurlait de douleur. Mon père, qui n'avait relu qu'en diagonale les principes de ce numéro dans un vieux *Marabout Flash*, sciait rageusement la caisse en criant plus fort qu'elle : « Elle n'a pas mal ! Elle n'a pas mal ! Ça fait, du bien ! ah ! ah ! ah ! C'est extra ! », devant un public clairsemé, car il y avait ce soir-là un match de foot à la télé et seulement dix-sept personnes s'étaient dérangées. Mon père a poursuivi sa carrière en solo. Il s'est fait arrêter par la police quelques semaines plus tard, le jour de mes onze ans, à la suite d'une représentation en matinée scolaire au cours de laquelle il a tué trois enfants qu'il avait fait monter sur scène pour un numéro de lanceur de poignards qu'il n'aurait jamais dû faire sans ses lunettes.

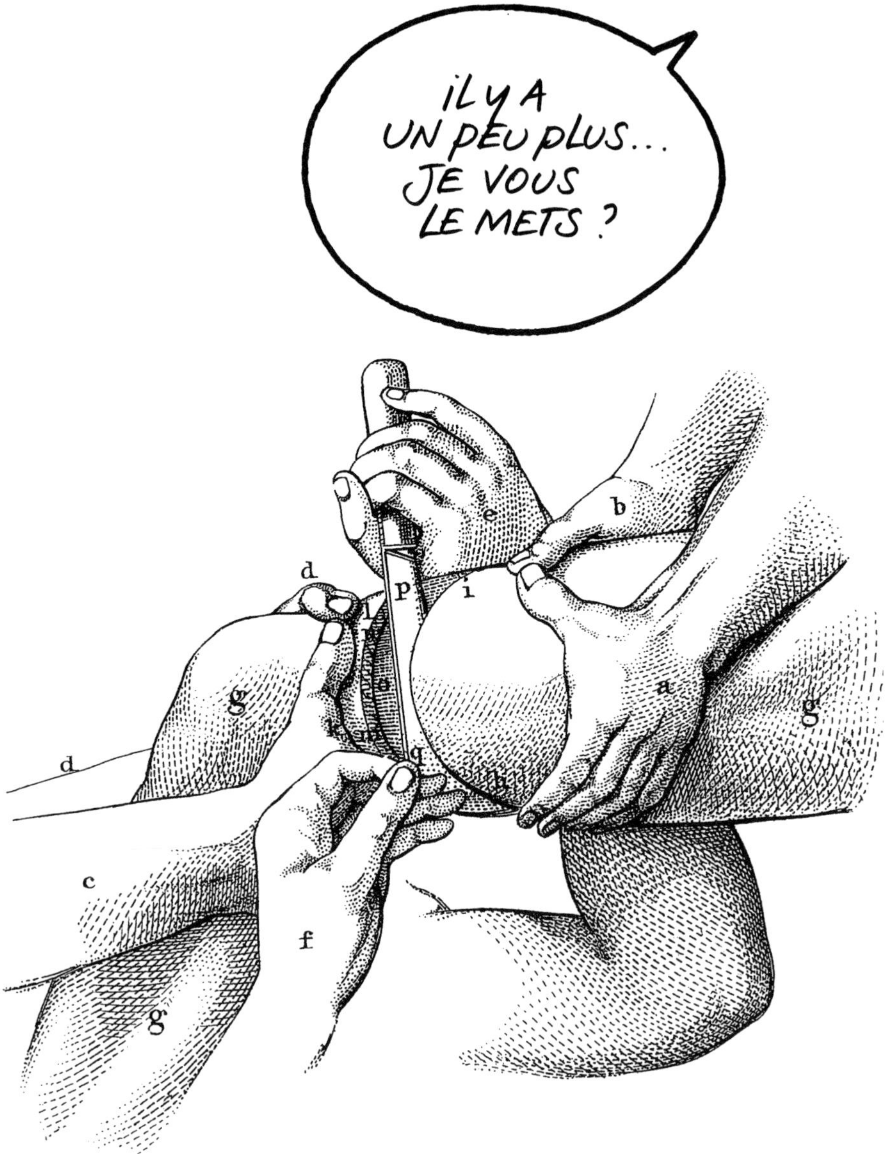
IL Y A UN PEU PLUS... JE VOUS LE METS ?

Sylvain de Bordeaux

Cher Docteur Jou,

J'ai un gros problou.
Quand j'étais tout petout,
je suis tombou dans un buisson de houx
et je ne m'en suis jamais remous.
Que me conseillez-vous ?

Je suis désolé, mon cher Sylvain, mais c'est le genre de traumatisme qu'il est extrêmement difficile de soigner. Vous devriez consulter un acupunctou.

Irène de Nîmes

Cher Docteur G.,

Dans quel monde vivons-nous ?
Ma belle-sœur s'est fait attaquer dans la rue.
Un type s'est approché d'elle, lui a demandé l'heure
et, tandis qu'elle regardait sa montre,
lui a arraché son sac à main et s'est encouru.
Le petit garçon de ma voisine, lui, a bien failli
se faire enlever : à la sortie de l'école, un automobiliste
a ouvert sa portière pour lui demander l'heure et a voulu
le faire monter dans la voiture.
Et enfin, il y a trois jours, mon mari attendait l'autobus
quand un individu lui a demandé l'heure
et l'a ensuite menacé avec un couteau avant de s'enfuir
avec sa montre.

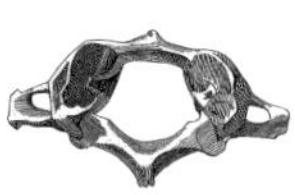

Je sais ! C'est invraisemblable ! Je ne peux vous donner qu'un conseil : faites comme moi. Je prétends qu'il vaut mieux prévenir que guérir. Moi, si un gaillard m'aborde dans la rue pour me demander l'heure, je commence par lui donner un bon coup de genou dans les couilles et je lui donne l'heure après.

Édouard et Jacqueline B. de Lourdes

Cher Docteur G.,

Ma femme et moi ne souhaitons
à aucun prix avoir d'enfants.
Je voudrais cependant être certain de prendre
toutes les précautions qui s'imposent.
Mon épouse porte un stérilet et un diaphragme.
Elle prend aussi la pilule, s'est fait ligaturer les
trompes et met de la pommade spermicide.
Quant à moi, j'ai subi une ablation des testicules
et je porte nuit et jour un préservatif
que je n'enlève que pour faire pipi.
Nous évitons également tout rapport sexuel.

À mon avis, le risque pour votre femme de tomber enceinte est faible. Mais neuf précautions valant néanmoins mieux que huit... veillez aussi à faire chambre à part.

DOCTEUR
J'AI DES VÉGÉTATIONS

Odile S. de Paris

Cher Docteur G.,

Je vis une période un peu difficile. Mon numéro de téléphone ressemble à un chiffre près, à celui des renseignements des chemins de fer. Et les gens n'arrêtent pas d'appeler chez moi pour me demander les heures des trains. Au début, ça m'a énervée.
Puis je me suis habituée : j'ai acheté l'annuaire de la SNCF et j'ai fait de mon mieux pour informer tous ceux qui me sonnaient. Parallèlement, j'ai tout de même demandé aux télécoms de bien vouloir m'attribuer un nouveau numéro. Mais l'administration est lente et, en deux ans, rien n'a changé. Alors je me suis braquée. J'ai commencé à donner aux gens de fausses heures de train. Alors il y a eu des plaintes et, comme par hasard, les choses ont bougé. Malheureusement dans des cas pareils, on vous donne généralement l'ancien numéro de quelqu'un qui a lui-même changé. Et moi, on m'a refilé l'ancien numéro de SOS SUICIDE. Et tout a recommencé : les désespérés se sont mis à faire mon numéro jour et nuit pour me dire qu'ils allaient mal et qu'ils voulaient en finir. Et moi, au début, je leur donnais par habitude les horaires des chemins de fer. Et plusieurs dépressifs, croyant que je me

fichais d'eux, sont allés se jeter sous un train.
Alors, il y a eu des plaintes. Puis les choses ont bougé.
J'ai actuellement l'ancien numéro d'un des grands patrons de TF1 et, à part quelques appels codés en provenance de Palerme et vingt ou trente coups de fil d'insultes par semaine, ça va. Je ne me plains pas.
De toute façon, c'était ça ou l'ancien numéro de Jean-Marc Morandini.

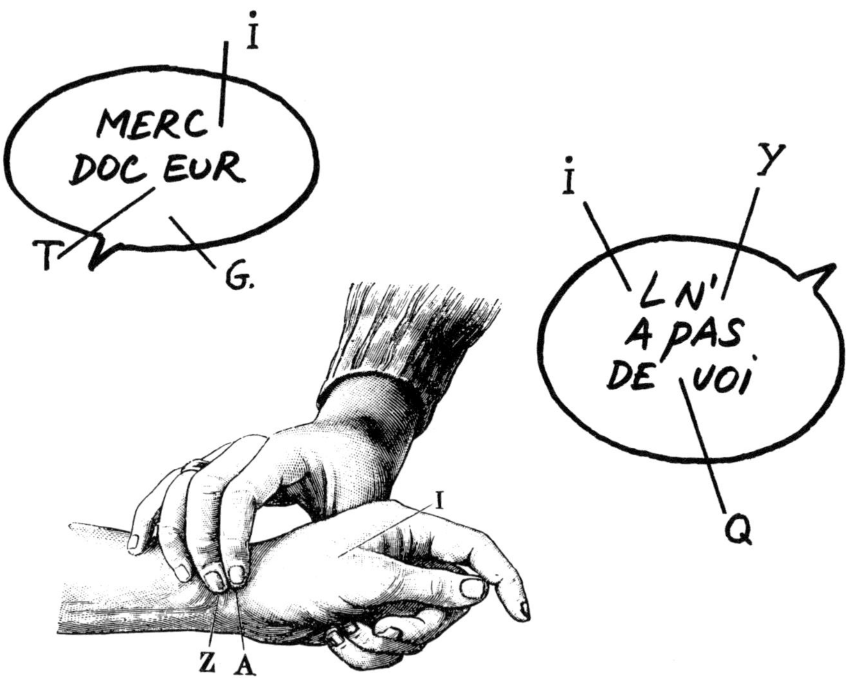

Renaud de Billancourt

Cher Docteur G.,

Ma femme est obsédée depuis toujours par son teint. À 48 ans, elle voudrait avoir une peau de jeune fille et, chaque soir, elle se met au lit avec, sur le visage, un masque de beauté. J'ai tout vu passer : les tranches de concombre, de pamplemousse, les rondelles de carotte, la couche de fromage blanc aux fines herbes... et j'en passe ! J'ai parfois la sensation de dormir au rayon alimentation d'un centre Leclerc. Depuis quelques jours, j'ai l'impression qu'elle a pris du poids et, pourtant, elle ne mange rien de toute la journée. Si bien que j'en viens à me demander si elle n'avale pas son masque de beauté pendant son sommeil. D'autant plus qu'avant-hier soir, elle s'est couchée avec un croque-monsieur sur la figure. La veille, c'étaient des lasagnes et, hier soir, une fondue bourguignonne. Les odeurs de cuisine m'empêchent de dormir.

Que me conseillez-vous ?

 Faites placer au-dessus de votre lit une hotte aspirante qui éliminera toutes les odeurs désagréables et vous apportera une lumière idéale pour la lecture.

Raoul T. de Godinne

Docteur,

J'ai l'impression d'être terriblement avare. Que faire ?

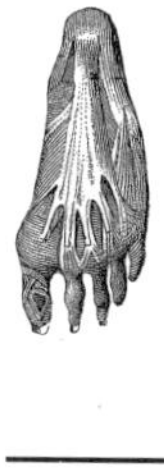

Commencez par mettre des timbres sur vos lettres pour que le destinataire ne doive pas payer la surtaxe.

Madeleine L. de Visé

Cher Docteur G.,

Mon mari est technicien dans une fabrique
d'appareils électroménagers et il refuse de faire installer
le chauffage central dans notre maison parce qu'il prétend que
nous pouvons arriver à mieux nous chauffer avec des grille-pain
qu'avec des radiateurs.
Selon lui, c'est un système de chauffage modulable à l'infini.
Mais moi, je trouve qu'il y a davantage de désagréments
que d'avantages : il faut réenclencher les grille-pain
toutes les minutes et demie. Il y en a dix-huit et ça veut dire
que, quand on vient de lancer le dernier,
on a quinze secondes de répit
avant que le premier n'arrive au bout de sa course.
C'est surtout pénible la nuit, quand on doit faire sonner le réveil
toutes les minutes et demie pour armer les toasteurs.
Et je ne vous parle pas du bruit que ça fait.
J'ai attrapé les nerfs tellement fragiles que je sursaute chaque fois
qu'un ressort se déclenche.
Je n'en peux plus, cher Docteur G., que faire ?

Suggérez à votre époux d'installer des moules
à croque-monsieur, c'est plus silencieux.

Chantal B. de Wavre

Cher Docteur G.,

Mon mari vient d'essayer pour la troisième fois de mettre fin à ses jours. La première fois, c'était il y a quatre ans : il a voulu se jeter par la fenêtre, mais elle était fermée et il s'est assommé sur le double vitrage. La deuxième tentative date de l'été dernier : il a essayé de s'asphyxier par le gaz, mais il avait pris tellement de somnifères qu'il s'est endormi avant d'avoir ouvert le robinet. Et puis enfin, la semaine passée, je l'ai retrouvé en train de pleurer dans la cuisine. Il avait avalé, cul sec, une bouteille entière de Destop. Ça l'avait traversé de part en part, mais sans atteindre d'organes strictement vitaux. Depuis, son transit intestinal s'est sensiblement accéléré. Tout ce qu'il mange, sitôt avalé, se retrouve instantanément sur sa chaise. Des médecins l'ont examiné. Mon mari s'est mis à quatre pattes et a fait : « aaaaaaah » et le gastroentérologue qui regardait d'un côté a été aveuglé par la lampe de l'oto-rhino qui était à l'autre bout. Je suis désespérée.

Qu'allons-nous devenir ?

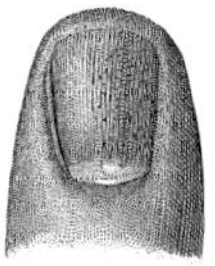

Voyez le bon côté des choses, si j'ose dire. Dites-vous qu'il ne fera plus d'aérophagie. Mais seulement du courant d'air.

VOUS ÊTES BIEN LE SEUL
MOI, JE ME FAIS BANDER

Cher Docteur G.,

Ma femme s'endort tous les soirs devant la télé et elle ne voit jamais la fin du film. Je lui ai donc suggéré de regarder la télévision debout. Ce qu'elle fait depuis un an. Mais elle commence à souffrir de lourdeur dans les jambes. Que dois-je faire ?

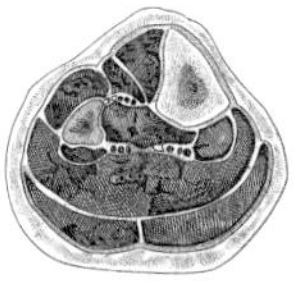

Faites-lui regarder le début du film debout et la fin en poirier. Mais n'oubliez pas alors de retourner le poste. Pensez aussi à lui faire porter des pantalons pour que sa jupe, en retombant, ne lui masque pas la vue.

Étienne de Huy

Cher Docteur G.,

Je suis étranger et je souffre énormément
de la discrimination raciale dans votre pays.
Dans la rue, ce ne sont qu'injures
et regards de mépris :
Pousse-toi d'la, bicot !, Sale Arabe !,
Retourne dans ton pays, bougnoule.
Je ne comprends pas ?
D'autant plus que je suis Norvégien, né à Oslo
(de père tunisien et de mère congolaise, il est vrai).

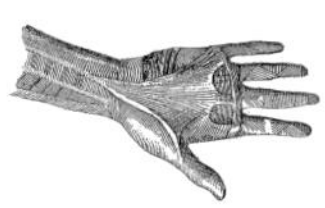

Sans vouloir excuser l'infamie de leurs insultes, comment voulez-vous que ces braves gens sucent de leur pouce que vous êtes né à Oslo et non à Casablanca ? Mais dites-vous, pour vous consoler, que s'ils vous traitaient de sale Norvégien, vous en seriez également meurtri. Allez... essayez de vous y habituer, après tout ce ne sont que quelques mauvaises dizaines d'années à passer.

Cher Docteur G.,

Il m'arrive quelque chose d'idiot : j'ai 47 ans et je suis tombé amoureux de mon boulanger. Pourtant, ni lui ni moi ne sommes homosexuels, mais il paraît que Cupidon s'en fout. Et en plus, il est laid comme un poux et bête comme une oie, mais ça m'excite ! Je n'ose plus aller chercher du pain. Dès que je le vois, je deviens tout rouge et je ne parviens plus à aligner trois mots. Lui aussi se trouble quand il m'aperçoit. Hier, je suis allé chercher un grand pain de mie coupé. Il m'a servi une tarte au flan et m'a rendu 460 francs sur les cinquante que je lui tendais. Mais je crois que notre amour n'est pas possible. Nous sommes tous les deux mariés et pères de famille. Depuis que nous nous sommes rencontrés, il oublie de cuire ses pains, il fait brûler ses tartes et fourre ses éclairs au thon à la provençale.

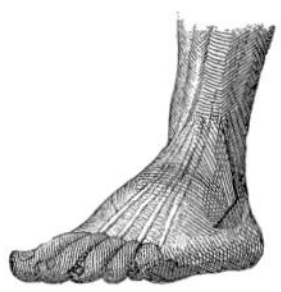

Dites-vous bien que si vous continuez comme ça, le malaise ira croissant et vous allez vous retrouver dans le pétrin.

Jean-Claude C. de Pepinster

Cher Docteur G.,

Lorsqu'au volant de ma voiture je dépasse un véhicule de la même marque, du même modèle, de la même teinte que le mien, je ne peux réfréner un sentiment de sympathie à l'égard de son conducteur. Lorsque, sur la digue à la mer, je croise un homme tenant en laisse un chien de la même race, de la même couleur, du même âge que le mien, nous ne pouvons nous empêcher de nous adresser un petit sourire complice. Est-ce bien normal ?

Eh oui ! C'est ainsi que naissent les groupes, les clubs, les confréries, les syndicats, car qui se ressemble s'assemble. Les membres du Diner's Club aiment dîner. Ceux du Lion's aiment les lions. Les membres du Rotary s'appellent tous Harry et font des concours de renvois. Les clubs d'échecs regroupent ceux qui ont tout raté. Les membres de l'association contre le cancer ont une aversion commune pour tous ceux qui sont nés entre le 22 juin et le 22 juillet. Tandis que les cochonnets qui désirent jouer aux boules se retrouvent dans des clubs privés.

LA PREMIÈRE GREFFE DE BARBE

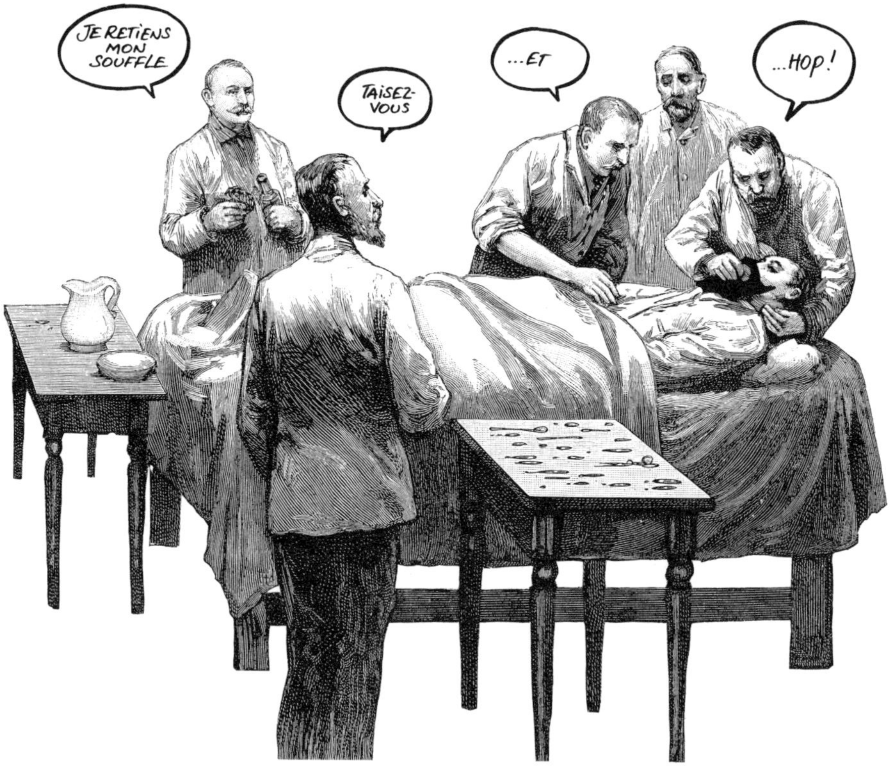

Robert D. de Nallines

Cher Gocteur D.,

Je souffre d'hermogloïdes. C'est très douloureux
surtout quand je vais à Hasselt.
Le docteur m'a recommandé des bains de
cierges, mais ça fait affreusement mal.
Ce qui calme encore le mieux la douleur,
c'est de mettre mon posternum devant une
fenêtre ouverte pour rafraîchir
mes hermoglobines, mais, comme j'habite
au rez-de-chaussée, j'ai des retours de flamme
de ménage qui me dit que les passants
se peignent de voir ma raie.
Que puis-je flaire ?

Apprenez d'abord à écrire convenablement, mon vieux ! Je suis médecin, moi, et non pas hiéroglyphologue. Il est indéniable, en tout cas, que vous avez mal O.Q.P. votre scolarisation.

Kurt de Toulon

Très cher Docteur G.,

J'ai un grand service à vous demander. Ma femme lit du matin au soir. Elle est plongée dans ses bouquins et ne m'écoute pas quand je parle. Je pisserais dans un violoncelle, l'effet serait le même. Alors peut-être que, si elle tombait sur ma lettre en lisant votre livre, cela nous permettrait de communiquer juste une fois. Voici le message : *Simone, voilà 37 ans que tu me fais chier ! Voilà près de quatre décennies que tu m'imposes ta face simiesque et ta silhouette grotesque, ton regard bovin et tes dents jaunes, ton haleine fétide et tes genoux cagneux. J'en ai marre de toi, connasse, boudin, ordure, menteuse, salope, furoncle. Et dis-toi que tu as de la chance qu'on ne soit pas seuls, sinon je dirais vraiment ce que je pense ! Moi, je me tire avec Gaby et tant pis pour toi si tu lisais du Robert Sabatier.*

Jean M. de Nantes

Cher Docteur G.,

Je suis daltonien et je crains que cela ne constitue un danger pour autrui lorsqu'au volant de ma voiture je ne sais jamais si je dois passer au mauve ou au bleu ?

En effet ! Il vaut mieux pour notre sécurité à tous que vous vous déplaciez en taxi. Vous trouverez tous les numéros d'appel des compagnies de taxis dans l'annuaire. Consultez les pages... heu... vertes.

Jean-Claude R. de Liège

Cher Docteur G.,

Je me sentais fatigué, j'avais peu d'appétit et de fréquents maux de tête. Mon médecin m'a ordonné des analyses de sang très complètes. Au laboratoire, ils m'en ont prélevé dix-sept flacons (ça m'a paru énorme). Dès qu'il a pris connaissance des résultats, le docteur m'a conseillé de faire faire une contre-analyse. Le soir, j'étais presque exsangue en rentrant chez moi. J'ai reçu les résultats ce matin : la première analyse ne révèle rien d'anormal, la deuxième indique que j'ai trop peu de sang et le laboratoire me convoque pour une troisième analyse volumétrique. Dois-je accepter ?

Allez-y sans crainte, mais assurez-vous d'abord qu'aucun des voisins immédiats du laboratoire médical ne soit un boucher spécialisé dans le boudin noir.

COMMENT FAIRE AVOUER UN NOYÉ

Comment faire rejeter l'eau absorbée par un noyé. — Ceci est la première manœuvre à exécuter avant de pratiquer la respiration artificielle

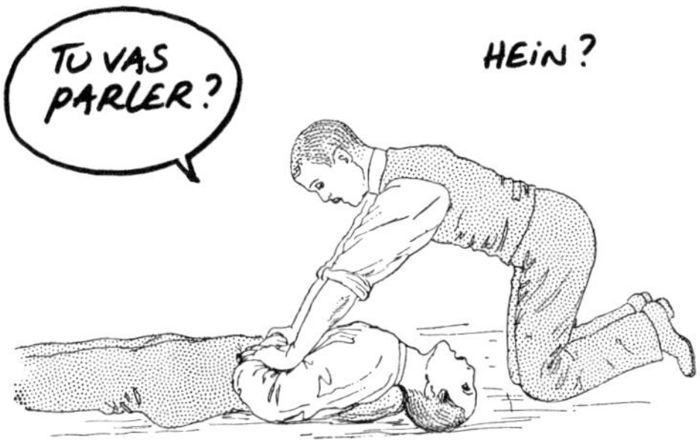

Respiration artificielle
1º Les coudes sont appuyés sur la poitrine

Respiration artificielle
2º Les bras sont portés au-dessus de la tête. Le sauveteur fait le geste d'un rameur maniant ses avirons

Respiration artificielle sur un noyé d'après la méthode de Marshall, 1er temps

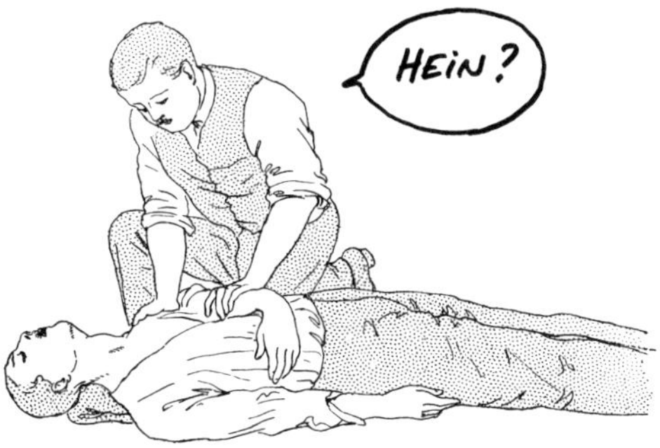

Méthode de Marshall, 2e temps

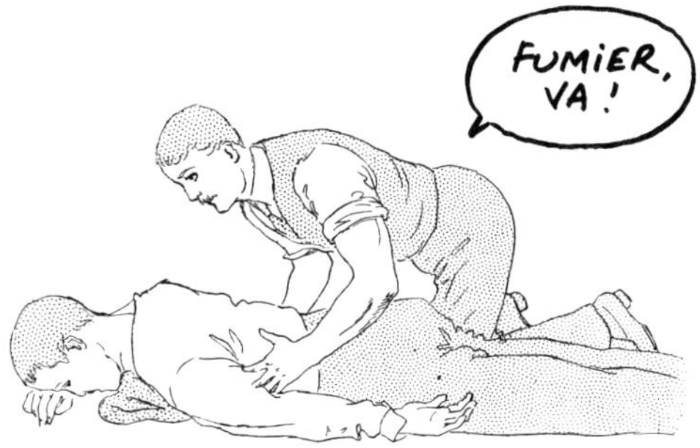

Respiration artificielle selon la méthode de Schæfer

Le 5 janvier, j'ai reçu cette lettre de **Léon H.** de Dinant :

Dinant, le 4 janvier 1996.

Cher Docteur G.,
Je m'appelle Léon et j'habite à Dinant. Et j'ai mal là.

Comme tout médecin digne de ce nom, l'idée de laisser souffrir ce brave homme m'étant insupportable, je lui envoyai par retour du courrier la lettre suivante :

Et quand j'appuie ici ?

Trois jours plus tard, je reçus ce pli :

Dinant, le 7 janvier 1996.

Cher Docteur G.,
Aussi, mais un peu moins.

N'y tenant plus, j'empoignai mon stylographe et je libellai à l'adresse de ce pauvre hère la missive dont voici la copie.

Bien. Et quand j'appuie là ?

Ayant posté ma lettre un vendredi, la réponse ne me parvint que le mardi suivant :

Dinant, lundi 10 janvier 1996.
Cher Docteur G.,
Là, non !
P. S.
Mais, depuis ce week-end, je n'ai plus mal non plus ici, et là non plus. Je pense donc que je me suis inquiété trop vite et vous remercie pour la sollicitude que vous avez témoignée à mon égard.

À quoi je répondis ceci :

Il n'y a pas de quoi, mon vieux. C'est mon métier, je suis là pour ça.

Le surlendemain, j'ai reçu cette lettre :

Dinant, mercredi 12 janvier 1996.
Cher Docteur G.,
C'est ce que vous croyez. Mais détrompez-vous. Peu de médecins répondent au courrier. Je n'en veux pour exemple que pas plus tard qu'il y a six mois, ma femme étant en prise avec une péritonite aiguë, je me mis en devoir d'écrire à notre médecin pour le lui signaler. J'attends toujours sa réponse ! Et si je n'avais pas pris sur moi d'envoyer une lettre aux pompes funèbres pour qu'on vienne chercher le corps, elle serait peut-être encore ici sur le tapis du salon !

Marcel N. de Ninove

Cher Docteur G.,

Je m'appelle Marcel et j'habite Ninove. Jusque-là rien de drôle, me direz-vous. J'ai la peau extrêmement rêche. Pas seulement les mains calleuses, non. J'ai toute la peau du corps comme de la toile émeri. Ça me pose pas mal de problèmes quand je dois m'habiller, ça allonge toutes les opérations. Mais ça n'a pas non plus que des inconvénients : dans les clubs de vacances, là où on danse en maillot, c'est moi qui emballe toutes les filles qui ont de l'eczéma. Elles recherchent des types dans mon genre, sur qui elles peuvent se gratter en dansant un tango ou une rumba. Le seul problème, c'est que nous laissons généralement autour de nous, sur la piste, comme de la sciure ou du parmesan râpé.

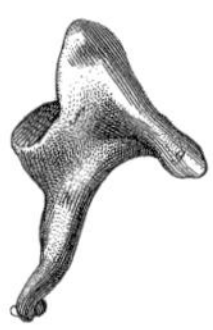

Malgré les petits inconvénients engendrés par votre particularité physique, vous avez de la chance dans votre malheur, car la femme eczémateuse est généralement très affectueuse et bonne cuisinière.

Cher Docteur G.,

Mon père frappe ma mère, ma mère frappe mon frère, mon frère frappe ma sœur et ma sœur me frappe. Qui puis-je frapper ?

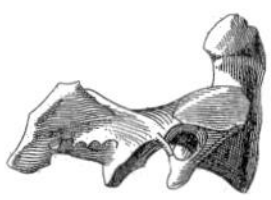

Puisqu'ils sont tous plus forts que toi, je ne vois qu'une solution : frappe ton canari.

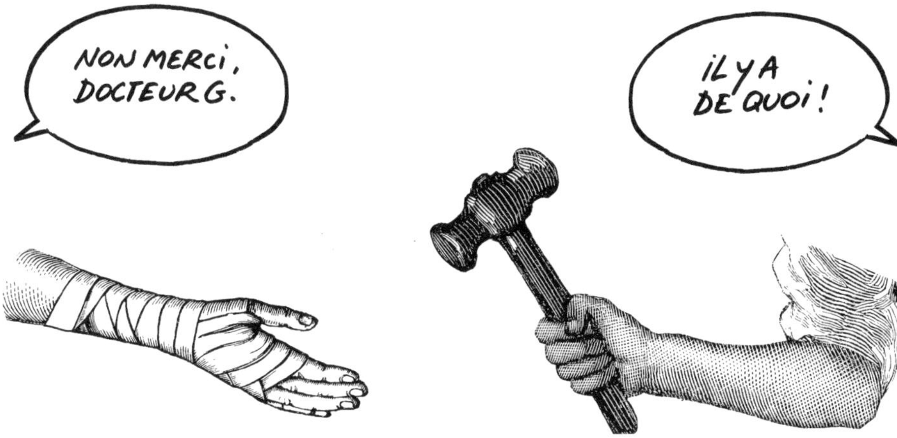

Cher Docteur G.,

Je commence à en avoir ras-le-bol des jeunes. En six mois de temps, on m'a volé trois fois mon autoradio. Ça m'a coûté 9 000 francs à chaque fois ! J'ai dépensé 27 000 balles en tout rien que pour m'entendre dire chaque matin dans le poste qu'il y a des embouteillages carrefour Léonard quand je suis moi-même bloqué carrefour Léonard. Alors j'ai dit : « Ça suffit ! » et, après le troisième vol, je n'ai plus acheté d'autoradio. Et le soir, en garant mon auto, j'ai collé sur la vitre un carton stipulant : *DANS CETTE VOITURE, IL N'Y A PAS D'AUTORADIO !*
Le lendemain matin, en descendant de chez moi, j'ai découvert qu'on avait volé ma bagnole pendant la nuit. Par terre gisait mon carton sur lequel ces salauds avaient écrit :
T'EN FAIS PAS, ON EN METTRA UN !

Poitrine phtisique.

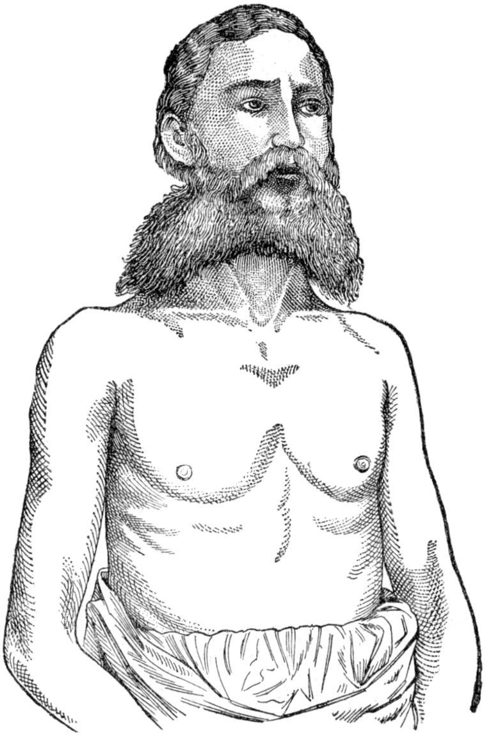

Fig. 374.

Poitrine athlétique (forte).

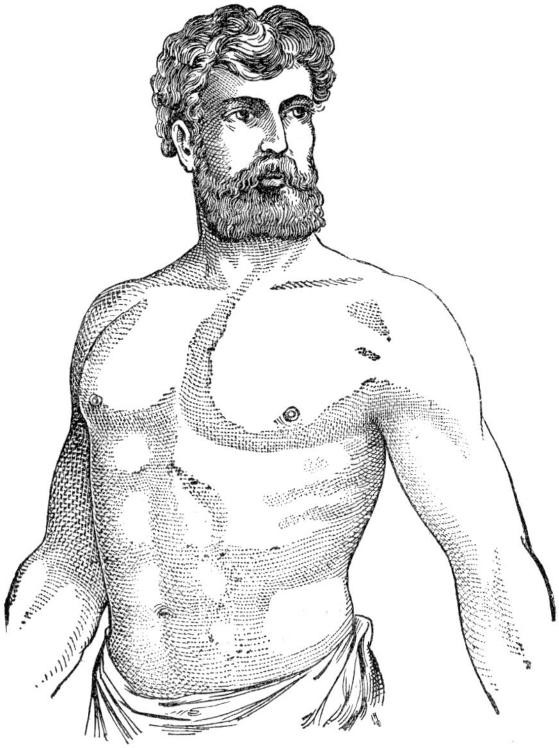

Fig. 375.

NOTONS ÉGALEMENT QUE CELUI QUI A UNE POITRINE PHTISIQUE A AUSSI UNE BEAUCOUP MOINS BELLE BARBE QUE L'AUTRE (FIG. 374)

Deborah B. de Neuilly

Pauvre Docteur G.,

Ça ne doit pas être drôle tous les jours de recevoir dans sa boîte aux lettres les jérémiades de gens malades. Alors, pour vous remonter un peu le moral, je tenais à vous envoyer une lettre qui, pour une fois, exprimerait autre chose que tous les malheurs du monde. J'ai 34 ans. Je me porte comme un charme. Mon mari, qui est beau et bien membré, gagne très bien sa vie, et nos deux enfants réussissent brillamment leurs études.
Nous habitons une très belle maison située au milieu d'un magnifique jardin centenaire. Nous partons en vacances deux fois par an au Club Med et nous venons d'acheter une BMW 725i.
Nous sommes tous les quatre très heureux.

Merci pour cette leçon d'espoir. Je crois que votre petit mot aura redonné du courage à tous les malchanceux qui nous lisent.

Louis H. de Vilvorde

Cher Docteur G.,

Quand je vois l'état de nos routes et autoroutes (continuellement en réparation), je me dis que, si les Allemands avaient gagné la guerre, nous n'en serions pas là. Hitler avait projeté de construire des autoroutes qui auraient duré mille ans. Mais attention ! Ne me faites pas dire ce que je n'ai pas dit ! Je ne suis pas d'accord avec tout ce qu'il a fait, non plus. Au contraire ! Mais disons que, rien que pour les autoroutes, Hitler c'était pas mal. Mais rien que pour les autoroutes, hein !

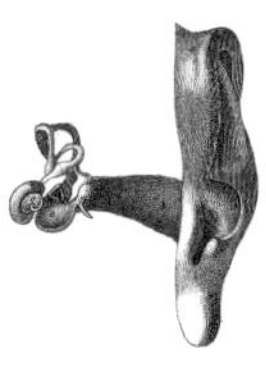

Je suis assez d'accord avec vous. Mais vous savez, avec des si... on pourrait transformer la Gestapo en Gilles de Binche. Avec des si, je pourrais parfaitement me mettre à raisonner comme vous. Tenez, moi, si Hitler avait décidé d'exterminer les automobilistes qui tirent une caravane plutôt que les Juifs, je serais sans doute devenu nazi.

Maurice H. de Theux

Cher Docteur G.,

Je voudrais faire un cadeau original à ma fiancée, mais elle a déjà tous vos livres. Auriez-vous une bonne idée pour moi ?

Et pourquoi ne lui offririez-vous pas une visite chez le médecin ? Voilà une idée de cadeau originale. Et on n'y pense pas assez. Une attention qui fera plaisir à tous et à toutes. Et à tous les âges de la vie. À la Saint-Valentin, offrez à votre dulcinée un *bon pour* une visite chez le gynécologue, une mammographie ou un frottis. Les occasions de combler une jeune femme ne manquent pas. À un collègue de bureau qui part à la retraite, cotisez-vous pour offrir un dépistage. Début juin, pour sa fête des mères, offrez une rectoscopie à votre maman. Vos petits neveux sont pourris-gâtés ? Ils possèdent déjà la console Sega, la poupée Barbie, le Mille Bornes et le Monopoly ? Eh bien ! Qu'ils demandent au père Noël une ablation des amygdales ou des végétations. Le corps offre mille fois plus d'idées cadeau que n'importe quelle Fnac ou Samaritaine réunies. Offrez du médical ! Les seuls cadeaux d'anniversaire remboursés par la Sécurité sociale.

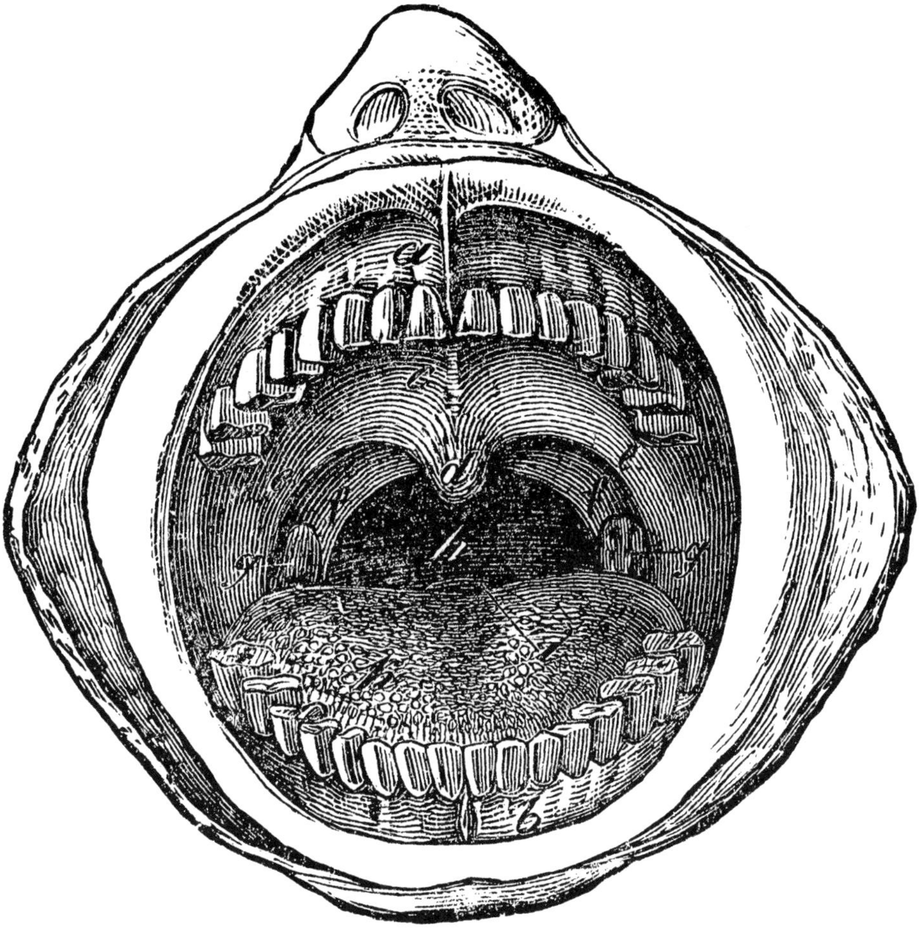

BÉATRICE DALLE
FAISANT AAAAA

Ella de Loncin*

Cher Docteur G.,

Je soupçonne mon mari d'être zoophile. Depuis notre rencontre, en 1981, son comportement ne cesse de me surprendre. Il adore les animaux. Il leur parle, les caresse, les promène... Il y a quelques jours, il est parti en forêt avec notre chien, les perruches et deux douzaines d'huîtres que nous devions servir à des amis le soir même. Il aime tous les animaux sans distinction. Il parle à son steak avant de le manger. Parfois, il m'appelle mon pigeon ou ma biche, mais seulement lorsqu'il fait un froid de canard et que je porte ma veste en mouton retourné. Mais le jour où j'ai vraiment compris que c'était un dévié, c'est quand je l'ai surpris en train de faire subir les derniers outrages à notre poisson rouge. Il a eu beau me jurer que je me trompais et qu'il ne faisait que se rafraîchir les parties dans l'aquarium, mon opinion définitive a été faite un mois plus tard quand les œufs sont éclos. La ressemblance était trop frappante ! Ils avaient tous sa gueule de raie. Je n'ai fait ni une ni deux : je suis allée vider l'aquarium dans le canal. Mon mari est entré dans une rage folle et s'est mis en tête de retrouver ses enfants. Je n'ai plus de nouvelles de lui. Que dois-je faire ?

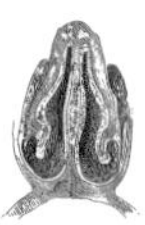

Regardez le prochain *Perdu de vue* de Jacques Pradel. Il pourra peut être faire quelque chose pour vous, avec ses gros yeux de merlan frit.

* Et on dit qu'elle a aussi un gros cul.

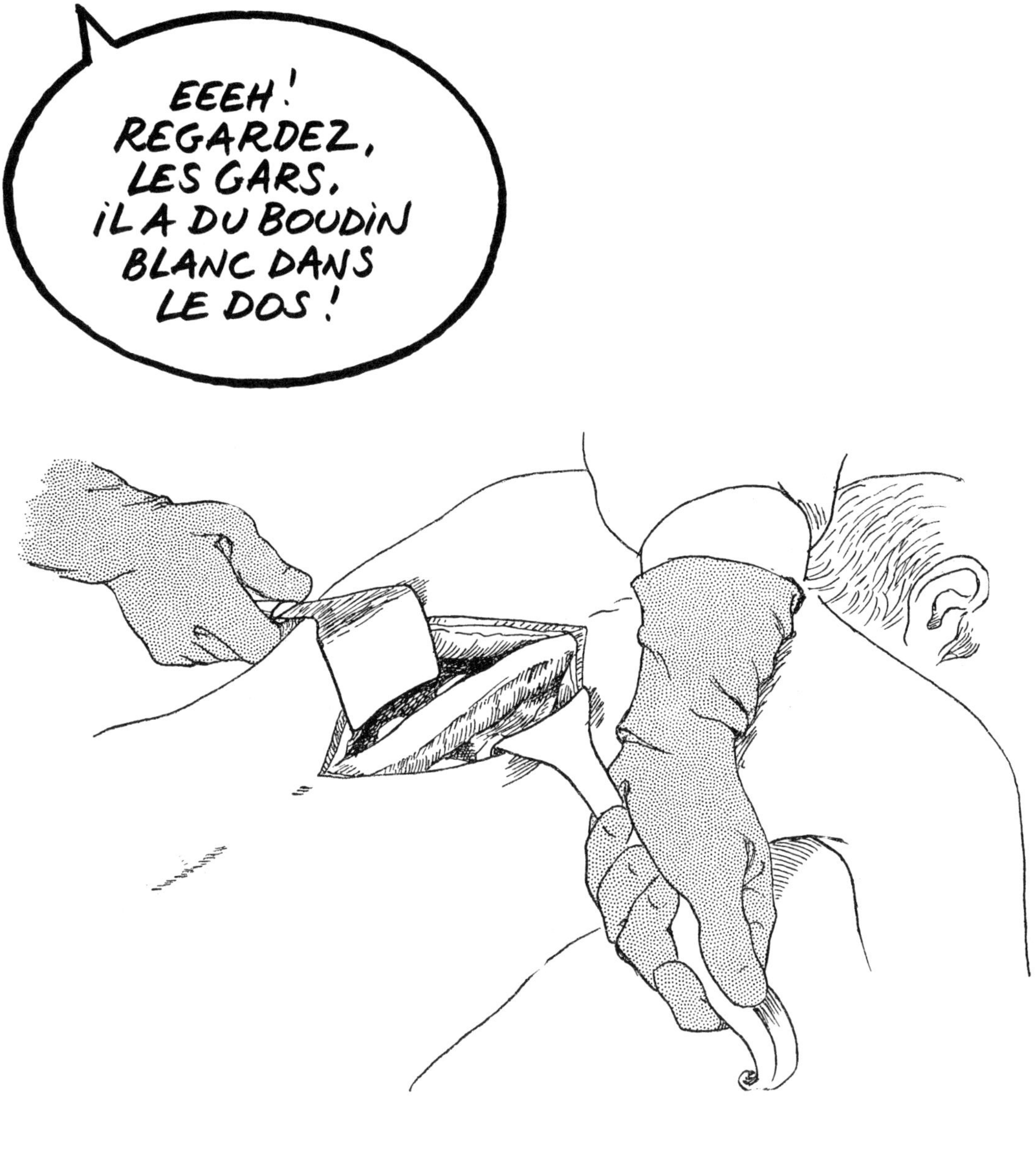
EEEH ! REGARDEZ, LES GARS. IL A DU BOUDIN BLANC DANS LE DOS !

Rudy P. de Marche

Cher Docteur G.,

Il y a quelques semaines, ma femme et moi avons eu un accident
de voiture. En rentrant dans le garage,
je suis rentré dans le garage. Je veux dire que
je suis rentré dans le mur du garage car j'ai appuyé sur
l'accélérateur au lieu du frein.
Mon fils avait laissé sur
la plage arrière un jouet en bois représentant un lapin et,
avec le choc, ma femme a reçu le jouet
dans la nuque
et elle a eu le coup du lapin.
Et depuis, elle doit porter une minerve.
Et moi, je ne supporte pas de la voir comme ça.

Il n'y a malheureusement pas dix mille solutions à votre problème : soit vous lui rasez les cheveux, vous lui faites porter un monocle et parler avec un accent allemand et alors elle ressemblera à Eric von Stroheim dans *La grande illusion*, soit vous lui appliquez huit couches de vernis pour bateau sur tout le cou, mais ça, ça s'enlève difficilement.

Marcel P. de Rurorth

Cher Docteur G.,

Est-il exact, comme je l'ai lu dans *Vieille et Moche**, que vous vous intéressiez à l'astrologie au point de bientôt nous proposer l'horoscope dans votre rubrique ? Alors, si c'est oui : je suis poisson et j'attends avec impatience votre pronostic. Si c'est non, je n'attends pas, j'ai des courses à faire.

* Le supplément adulte de *Jeune et Jolie* (n.d.l.r.).

Vos renseignements sont exacts : c'est oui, cher ami. Voici les prédictions pour la semaine qui vient. Balance : essayez de perdre du poids, pesez-vous régulièrement. Poisson : vendredi est votre jour. Scorpion : votre piqûre est très douloureuse, vous vivez sous les pierres dans les pays chauds. Taureau : évitez les voyages en Espagne. Vierge : essayez de le rester jusqu'au mariage, après vous changerez de signe. Cancer : faites un dépistage.

Fernand M. de Libramont

Docteur,

Depuis des années, je fais le même cauchemar : chaque nuit, je rêve qu'il est 7 heures du matin et que mon réveil sonne, je me lève, je me lave, me rase et m'habille, et me voilà parti au travail. Dans l'autobus, je me retrouve au milieu d'un tas de gens qui semblent faire le même cauchemar que moi. Après cela, je me retrouve au bureau pendant huit heures. Rentré chez moi, je dîne, ensuite le cauchemar continue : je regarde TF1. Tard dans la soirée, je rêve que nous nous mettons au lit, ma femme et moi, que nous faisons l'amour et que nous nous endormons... **et, au beau milieu de la nuit, cet horrible cauchemar me reprend !**

Consultez vos extraits bancaires. Si votre employeur vous verse régulièrement un salaire, tout va bien, vous êtes un peu con, c'est tout. Si vous ne trouvez aucune trace de rémunération, alors, consultez un spécialiste du sommeil.

iL A DEUX TROUS ROUGES AU CÔTÉ DROIT...
ARRÊTEZ ! VOUS M'EXCITEZ

Monique U. de Visé

Cher Docteur G.,

Lorsque mes enfants mettent leurs petits souliers devant la cheminée, saint Nicolas leur dépose toujours des semelles anti-odeur dedans.

C'est toujours ça ! Pensez aux culs-de-jatte qui, eux, sont obligés de mettre leurs gants devant l'âtre.

Marcelle F. de Quenast

Cher Docteur G.,

Cette période de fin d'année est généralement celle des bilans des douze mois écoulés. À la radio et à la télévision, on nous abreuve de rediffusions, de *best of* et autres moments choisis. Alors pourquoi, cher Docteur G., ne proposeriez-vous pas, vous aussi, à vos lecteurs quelques moments choisis parmi vos séquences les plus réussies de l'année dernière ?
Ce serait un merveilleux cadeau de Noël pour de nombreux admirateurs et admiratrices.

Chère amie, vous n'êtes pas la première à avoir eu cette excellente idée. Voici donc pour répondre à la demande un florilège de la saison écoulée. Extrait de la séquence du 29 octobre : Rémy de Loupoigne. *Cher Docteur G., J'ai un gros problème* (...). Extrait de la séquence du 5 novembre : (...) *Essayez de manger du lapin pour voir.* Ou encore de celle du 12 mai : *Cher Docteur G., je vous ai déjà écrit il y a deux mois* (...). Et enfin, extrait de l'émission du 16 mai : *Et quand j'appuie ici ?* Voilà chère amie, j'espère que ça vous a plu et que vous vous êtes bien poilée en relisant tous ces bons moments. Quoi qu'il en soit, je vous souhaite un joyeux Noël et une bonne année. Mais si vous lisez ces lignes après le 25 décembre, je ne vous souhaite, bien sûr, qu'une bonne année.

Cher Docteur G.,

J'ai douze ans
et j'ai l'impression
que mes parents viennent
me voler, la nuit, l'argent
de poche qu'ils m'ont donné
la veille...

Moi, c'est pareil avec mon contrôleur TVA...

TARZAN A MARCHÉ SUR UNE MINE

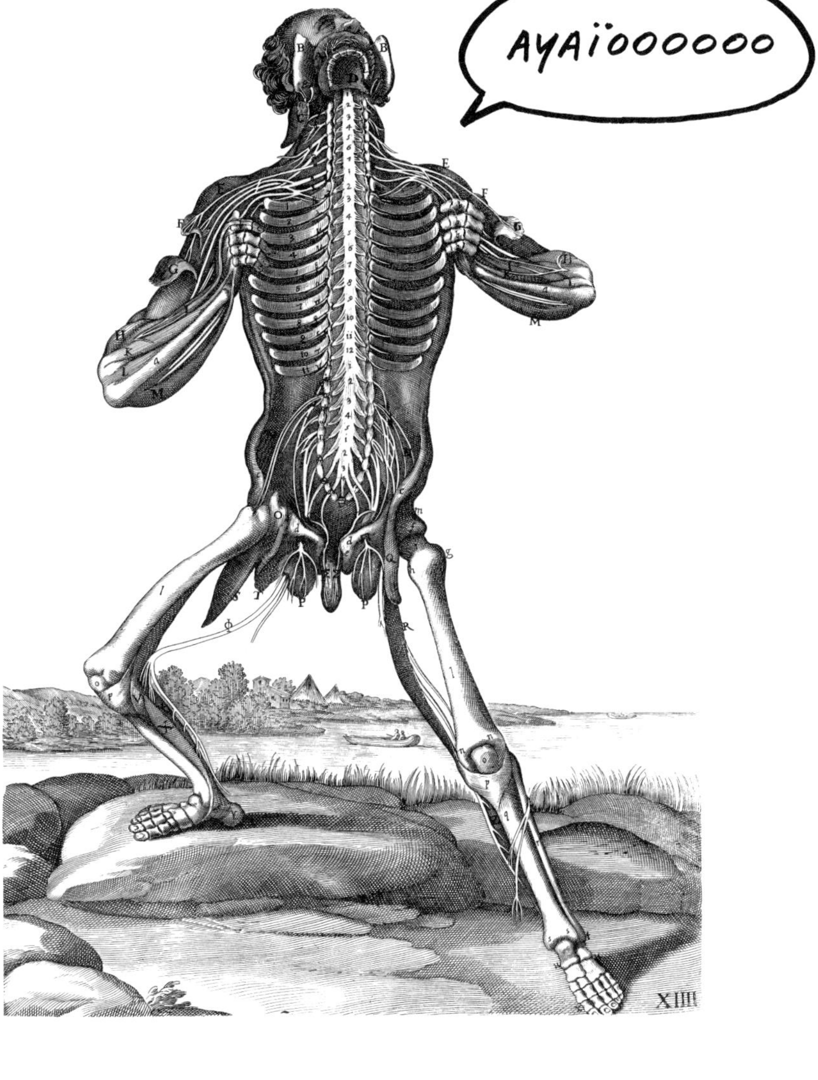

Cher Docteur G.,

Peut-on rire de tout ? Vous est-il déjà arrivé de vous poser cette question avant de rédiger votre rubrique médicale ?

J'avoue que la réponse n'est pas simple et que la limite est floue entre le bon et le mauvais goût, mais il faut néanmoins de la mesure en chaque chose. Je crois que nous pouvons rire des petits bobos et des affections passagères sans choquer personne. Mais ridiculiser les maladies graves et ceux qui en souffrent n'est certes pas très altruiste. Rions donc sans honte d'une légère température anale, mais redevenons sérieux au-delà de 38,5 °C sous le bras. Ne nous moquons pas des défauts physiques des gens ni de leurs infirmités (sauf si c'est vraiment rigolo). N'ironisons pas sur la faim dans le monde, sur la pauvreté, sur le chômage et sur la classe politique. Car... mettons-nous à la place des autres, pour une fois. Aimerions-nous, nous, riches des pays riches, que des humoristes soudanais se moquent de nous, de nos bedaines et de nos Intermarchés bien remplis ? Accepterions-nous que les pauvres et les chômeurs ricanent de nos Range Rover et de nos Mercedes. Et enfin, supporterions-nous que les hommes politiques nous prennent, eux aussi, pour des cons ?

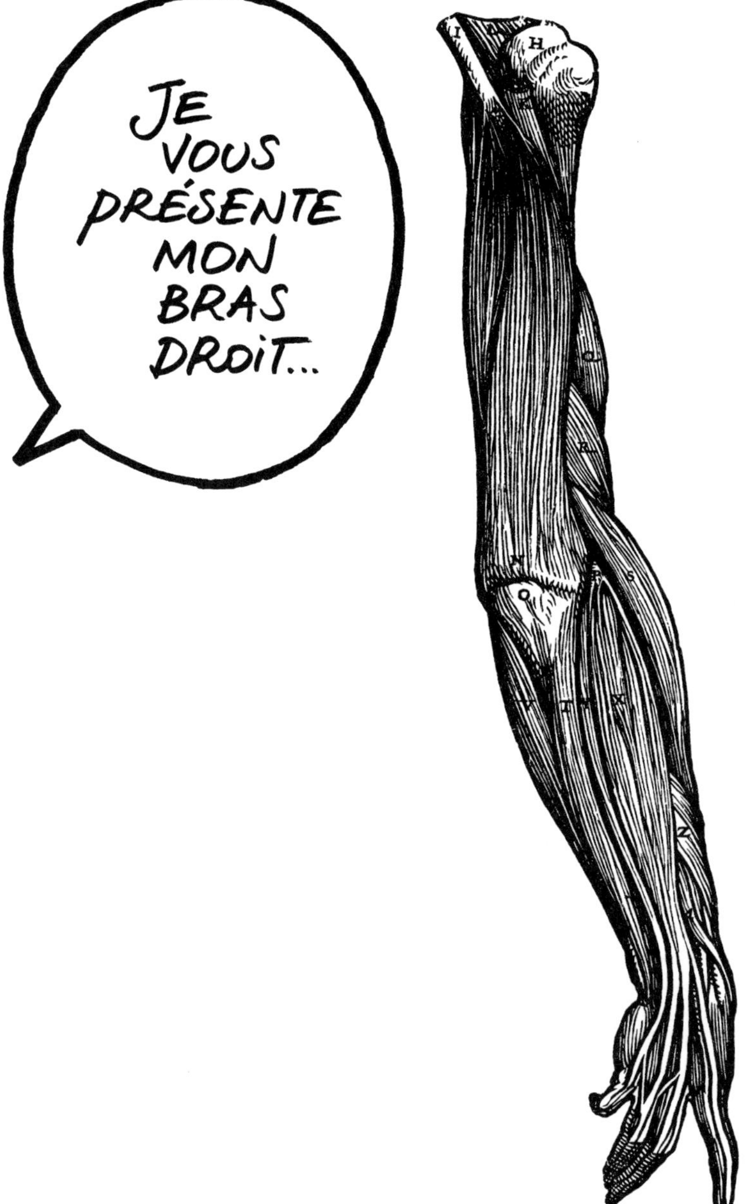
JE VOUS PRÉSENTE MON BRAS DROIT...

Cher Docteur G.,

Je souffre de conjonctivite aiguë.
Chaque matin au réveil,
j'ai les paupières soudées l'une à
l'autre par des sécrétions jaunâtres.
Je ne parviens à les décoller qu'avec
peine, avec une lame de rasoir et de
l'acétone.

Voilà qui est en effet préoccupant, car les sécrétions conjonctivales se dissolvent sans peine à l'eau tiède. Êtes-vous certain que votre femme ne vous colle pas les yeux à la UHU pendant votre sommeil ? Auquel cas il conviendrait de découvrir ce qu'elle veut soustraire à votre regard. Et pourquoi ? Ouvrez l'œil !

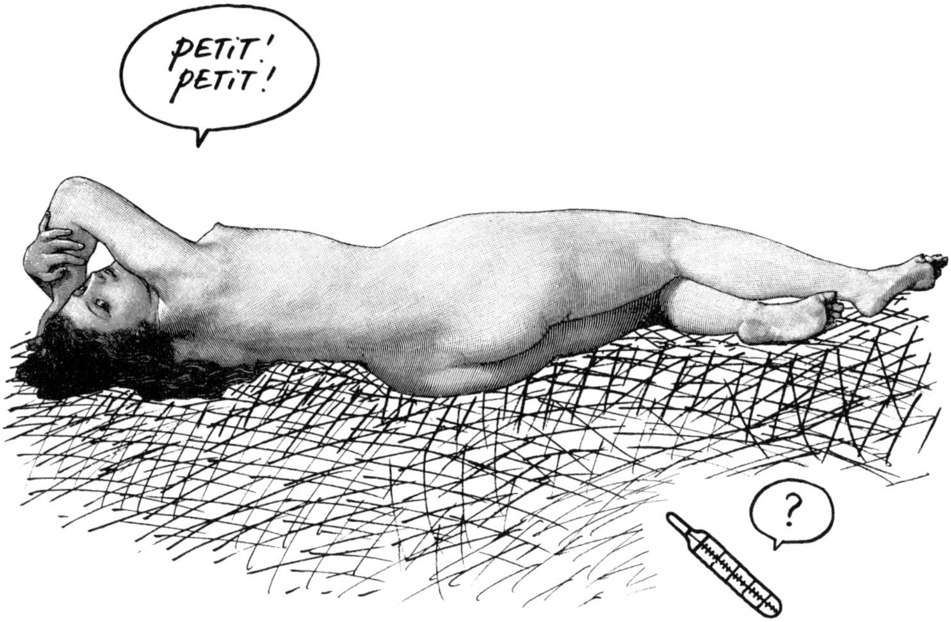
PETIT! PETIT!
?

Fernand M. de Verviers

Cher Docteur G.,

Je crois être ce qu'on appelle un nouveau pauvre. Ex-employé à l'ONEM, je suis au chômage depuis trois ans. Divorcé et remarié à une mère de cinq enfants, je verse une pension alimentaire représentant la moitié de mes allocations de chômage à ma première femme qui s'est remariée avec le juge qui a prononcé notre divorce. Ma femme actuelle travaille à mi-temps au centre RTBF-Mons comme femme de ménage. Nous habitons Verviers et les quatre trajets en train qu'elle doit faire chaque jour (son horaire étant fractionné: de 6 heures à 8 heures le matin et de 19 heures à 21 heures le soir) entament sérieusement notre maigre budget. Nous avons l'impression de toucher le fond. Nous mangeons le balatum et les prospectus électoraux. Nous buvons l'eau qui suinte des murs de notre sous-sol non chauffé. Nous ne nous sommes plus lavés depuis sept mois car la baignoire nous sert de toilettes depuis que nous faisons la vaisselle dans les toilettes à cause de l'évier qui est bouché. Pensez-vous que je puisse encore espérer quelque chose avant de me résoudre à vendre le Modigliani que m'a légué un vieil oncle?

Vendez, vendez mon vieux!

Irène de Braine-le-Comte

Cher Docteur G.,

Pour la première fois depuis notre mariage, mon mari m'a emmenée dans un restaurant vietnamien. Et j'aime autant vous dire que ces faces de citron ne sont pas près de nous revoir ! Je n'ai jamais passé une aussi mauvaise soirée. Je n'ai retenu du potage que le numéro, le 12, et qu'il avait une couleur d'eau de vaisselle avec des morceaux qui flottaient dedans.
Ensuite, j'ai reçu du 28 et mon mari a pris du 17.
Mais le pire, ça a été le dessert : une espèce de crêpe roulée très chaude et sans goût que nous avons eu les pires difficultés à avaler.

Vous avez sans doute ingurgité la serviette humide en tissu éponge que les restaurateurs asiatiques proposent à leurs hôtes à la fin du repas pour s'essuyer le visage et les mains. Mais rassurez-vous : nos frères extrême-orientaux sont aussi peu à l'aise chez nous que vous chez eux. Et si ça peut vous consoler, sachez que j'ai assisté dans un restaurant à la scène inverse. Un couple de touristes coréens avait commandé comme dessert des crêpes roulées. Lorsqu'elles leur furent servies, ils les ont prises pour ces serviettes que vous avez mangées : ils se les sont étalées sur la figure en se brûlant atrocement, car elles étaient flambées au Grand Marnier.

Cher Docteur G.,

Il y a une semaine environ, j'ai consulté un de vos confrères, le docteur X. Sitôt entrée dans son cabinet, il m'a demandé de me déshabiller. Il s'est aussitôt déshabillé lui aussi et a prodigué les soins avec maîtrise et prévenance. Je n'ai aucun reproche à lui faire. C'est un excellent dentiste.
Mais pourquoi diable s'est-il mis nu ?

Vous savez que nous autres médecins sommes tenus par le secret professionnel. Je ne puis donc pas vous répondre sans transgresser le serment d'Hippocrate. Et ce n'est pas mon genre.

Marie-Christine J. de Pau

Docteur,

Je suis transsexuel.
Je me suis fait opérer à Casablanca
il y a trois ans. Avant, j'étais un homme,
je m'appelais Roger et je souffrais énormément.
Depuis trois ans, je suis Marie-Christine
et je vais beaucoup mieux !
Mais une chose me tracasse : quand vais-je devoir
prendre ma retraite à 60 ou à 65 ans ?

Vous pensez bien que beaucoup d'hommes y ont pensé avant vous. On travaille jusqu'à 60 ans, *hop*, une petite opération et, *crac*, on peut prendre sa retraite cinq ans plus tôt. Ce serait trop facile ! D'autant plus qu'à cet âge-là les enfants sont grands et que beaucoup de femmes (les vraies) se plairaient aussi bien avec une bonne copine qu'avec un vieux mari décati. La loi veut qu'on prenne sa retraite d'après le sexe déclaré à la naissance.

LE SAUT À L'ÉLASTIQUE POUR LES GROSSES FAINÉANTES
ET HOP !

Birgit Ø. de Paris

Cher Docteur G.,

J'ai 19 ans et je souffre de très légères douleurs aux seins et aux fesses. On m'a dit que vous guérissiez par imposition des mains. Est-ce exact ?

C'est parfaitement exact. Je reçois dans le métro tous les jours de 16 h 30 à 18 h.

À la direction de la RTBF

Messieurs,

En tant que père de famille et enseignant, je m'insurge contre les exactions verbales du regrettable Docteur G. sur vos antennes. Je le trouve plat et vulgaire. Avant de passer définitivement sur d'autres chaînes comme RTL (où ils sont beaucoup plus distingués), j'ai relevé la fréquence des gros mots proférés dans sa rubrique : 22/9 : *bite*, 26/9 : *connard* et *trou du cul*, 3/10 : *couille*, 6/10 : *merde*, *fistule*, *chierie*, *pute* et *merde molle*, 12/10 : *fait chier*, 16/10 : *parti socialiste*, 17/10 : *furoncle* et *prout*.

Alors ça ! C'est facile ! Moi aussi, j'ai fait une liste de ce qui se dit sur les autres chaînes : RTL 17 février : *pub*. TF1 19 février : *Hélène, je m'appelle Hélène*. TF1 20 février : *Bonsoir, c'est Jean-Pierre Foucault*. France 2 : *Le pape a dit une messe devant 110 000 fidèles réunis au Guatemala*. Vous trouvez ça vraiment plus distingué ?

Charles W. de Liège

Cher Docteur G.,

Il m'est arrivé quelque chose de complètement idiot ! Vendredi dernier, m'apprêtant à quitter le parking de mon entreprise après avoir déchargé quelques échantillons dans le hangar, je consultais un plan de la ville, assis au volant de ma voiture, lorsque j'entrepris de passer mon bras à côté du dossier pour fermer la portière arrière gauche qui était restée ouverte. Bien mal m'en prit ! Un coup de vent fit claquer la porte sur le bout de mes doigts qui restèrent coincés dans le bourrelet de caoutchouc. Lorsque la douleur se calma un peu, j'essayai de me libérer, mais la sécurité enfants était mise. Il m'était donc impossible d'ouvrir la portière de l'intérieur. J'imaginai de passer à l'arrière, de baisser la vitre et d'actionner la poignée de l'extérieur, mais ma main coincée m'aurait obligé de me tordre le bras à 240 degrés et la hauteur des appuie-tête empêchait le passage d'un homme de ma corpulence. Je me dis à ce moment que par chance, ma voiture étant automatique, je pourrais, de la main droite, la conduire jusqu'à un passant qui me délivrerait. À cet instant précis, j'aperçus mon trousseau de clés suspendu au cadenas du hangar. J'appelai au secours, mais personne ne vint. Nous étions vendredi soir et j'étais le dernier à quitter l'usine située à l'extrémité de la zone industrielle d'Angleur. Ma femme, qui tout autre vendredi se serait inquiétée de mon retard, était partie chez sa sœur avec les enfants pour le week-end de la Toussaint dans leur maison de campagne sans téléphone. J'allumai la radio, et c'est ainsi que je découvris votre émission. On me délivra lundi matin à huit heures moins dix. Dans la nuit de samedi à dimanche, des voyous m'ont piqué mes enjoliveurs sous mes yeux, sans que je puisse intervenir.

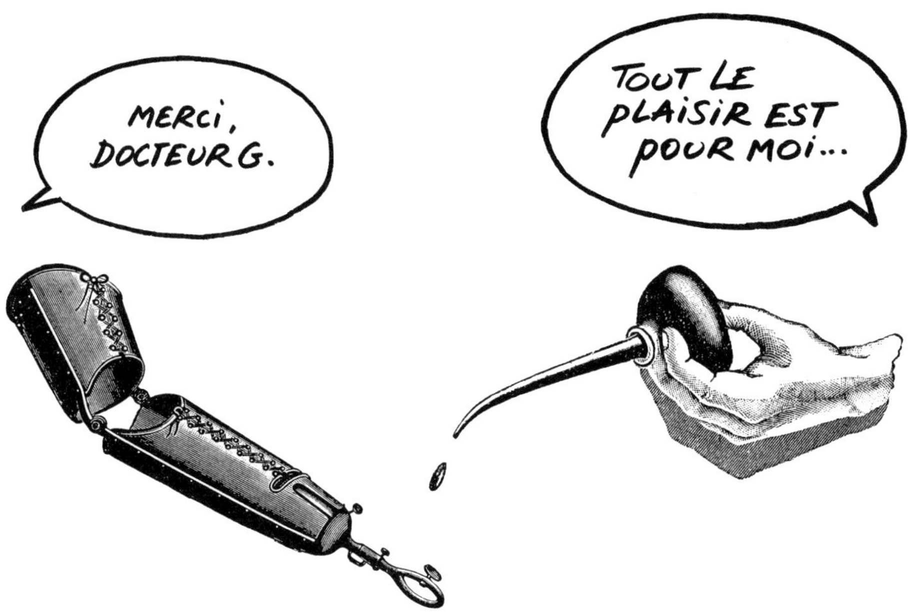

À saisir : 12 m de bande Velpeau n'ayant servi
qu'une semaine, la personne étant décédée.
réf. 415.hj

Pour home ou collectivité : lot de 80 tubes de pâte
à fixer les prothèses dentaires de marque
est-allemande, fabriquée sous licence Dentafix.
réf. 818.ml

Occasion : jolie paire de lunettes d'écaille Varilux.
Verre gauche 6.2 - 9.7. Pas de verre à droite.
Branche gauche fixée avec un sparadrap.
Prix à discuter. réf. 122.bn

Cause double emploi : particulier vend ceinture du
Dr Gibaud. Premier propriétaire état impeccable.
Prix justifié. réf. 748.jl

LA MÉDECINE EST-ELLE TROP CHÈRE ?

Marie-Christine d'Opprebais

Cher Docteur G.,

Je vis un cauchemar. Mon mari est fainéant comme un pou. Sa famille, c'est une bande de veaux, entretenus par la grand-mère qui est la vache à lait. Ils sont tous autour d'elle comme des vautours : mon mari, son frère, qui est pédé comme un phoque, et leur punaise de sœur. Financièrement, je dépends donc de lui. C'est d'autant plus gênant que je viens de découvrir que ce cochon me trompait avec notre voisine. Je suis plutôt du genre fine mouche, et j'ai très vite compris qu'il y avait anguille sous roche et que cette grosse vache s'intéressait à son petit oiseau. Mais, pas folle la guêpe, je me suis refermée comme une huître. C'est dans mon caractère : je suis poisson.
Je sais qu'un jour ce goret en aura marre de sa morue et qu'il reviendra à la niche au galop. Il rampera comme une limace pour implorer mon pardon. C'est là que je serai vipère.
Il n'imagine pas comme je peux être chameau.
Rien qu'à imaginer ses yeux de chiens battus,
j'en ris comme une baleine !

Vous avez raison ! Veillez cependant à rester dans les bonnes grâces de la grand-mère, car sans elle, adieu veau, vache, cochon, couvée...

Damien d’Amiens

Cher Docteur G.,

Mon père souffre d’obésité. Déjà son propre père en souffrait ainsi que son grand-père, son arrière-grand-père et le père de ce dernier. J’en souffre moi-même et, plus grave, mon fils en souffre. Pensez-vous que ce soit héréditaire ?

À première vue, on pourrait effectivement le penser. À deuxième vue aussi, d’ailleurs.

X

Cher Docteur G.,

Je collectionne les autographes. J'ai déjà celui du docteur Soubiran et celui de Doc, de Fun Radio. J'ai également celui du docteur Pollet de Namur (mais il est moins connu). Grâce à mon père, qui était secrétaire à Rex, j'ai aussi un autographe du docteur Mengele avec un très gentil petit mot. Nous avons d'ailleurs appelé notre chien Rex, et pourtant il est Juif. Ce qui prouve qu'on peut être fasciste et avoir de l'humour. Donc j'aimerais avoir ton autographe le plus rapidement possible, et tu as intérêt à ce que ça ne traîne pas trop si tu ne veux pas que des amis du Front national viennent te casser la gueule, ordure.

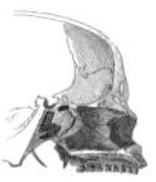

Avec le plus grand plaisir, cher ami. Je serai très honoré de côtoyer mes illustres confrères. Profitez-en aussi pour écrire au docteur Jivago, au docteur Gibaud et au docteur Folamour ; ils se feront une joie de vous répondre. Mais j'y pense ! N'oubliez pas non plus de m'envoyer vos coordonnées car, sur votre lettre anonyme, ne figurent ni votre nom ni votre adresse.

Jean-Claude J. de Herbeumont

Cher Docteur G.,

Ma femme insiste pour que je consulte un spécialiste des bronches. Elle prétend que, si je tousse, c'est parce que je fume trop. Or, je ne fume que quatre paquets de Boyard papier maïs par jour. Moi, je vais très bien et je n'ai pas de temps à perdre avec des visites médicales et des âneries pareilles. Alors, puisqu'elle insistait, j'ai toussé dans le mini-cassette des enfants et je vous envoie la bande. Pourriez-vous l'écouter et me dire si je dois faire des radios ?

Rassurez-vous, mon cher Jean-Claude, tout va bien : vous êtes un peu enroué, c'est tout ! Et au cas où vous souhaiteriez vous faire incinérer après votre mort, dites-vous que, pour ce qui est de l'intérieur, le plus gros est déjà fait.

LE GAUFRIER À TESTICULES

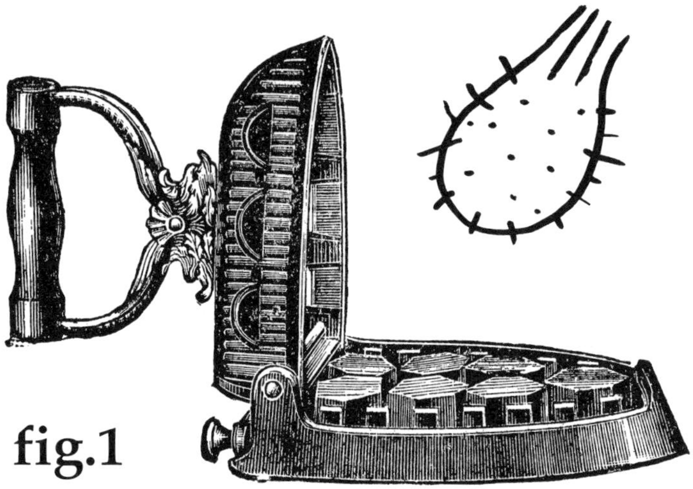

fig.1

fig.2

Hervé de Mons

Cher Docteur G.,

Je vous ai déjà écrit il y a trois ans. J'avais alors 18 ans. J'en ai maintenant 19. À l'époque, mes amis m'ont dit que vous aviez chanté ma traduction de *Yesterday* des The Beatles sur le premier programme radio 621, ondes moyennes. Je n'ai pas pu vous entendre, car j'habite à 60 km de Bruxelles et on reçoit mal la radio nationale à cette distance, car on est trop loin. J'ai une nouvelle guitare électrique, car l'autre a fondu à cause d'un court-circuit et, depuis, j'étudie l'anglais et l'allemand, car le mode d'emploi est en anglais et en allemand. J'ai écrit à Paul McCartney, mais il ne m'a pas encore répondu. Cette année, j'ai entrepris de traduire *Hey Jude,* car la mélodie est très belle du point de vue musical et le texte est également très beau du point de vue littéraire.

Hé Juif ! Ne le fais pas mal
Prends une chanson triste et fais le mieux
Souviens-toi de la glisser à l'intérieur de ton cœur
Alors, tu peux entreprendre de le faire mieux
Hé Juif ! Ne sois pas effrayé
Vous étiez faits pour aller dehors et l'avoir
À la minute où tu l'as en dessous de ta peau
Alors tu peux entreprendre de le faire mieux
Et chaque fois que tu sens la douleur
Hé Juif ! Réagis
Ne porte pas le monde sur tes épaules
Parce que tu te rends bien compte
Que c'est un fou qui le joue mollo

En faisant son monde un peu plus froid
Hé Juif ! Ne me laisse pas en bas
Tu l'as trouvé maintenant et tu l'as
Souviens-toi, hé Juif, de la laisser à l'intérieur de ton cœur
Alors tu peux entreprendre de la faire mieux
Laaa Laa Laa Lalalalaaaaaaaaaaa Lalalalaaaaaaaaaaa...hééé Juif
Laaa Laa Laa Lalalalaaaaaaaaaaa Lalalalaaaaaaaaaaa...hééé Juif
Laaa Laa Laa Lalalalaaaaaaaaaaa Lalalalaaaaaaaaaaa...hééé Juif
Laaa Laa Laa Lalalalaaaaaaaaaaa Lalalalaaaaaaaaaaa...hééé Juif
Laaa Laa Laa Lalalalaaaaaaaaaaa Lalalalaaaaaaaaaaa...hééé Juif
Laaa Laa Laa Lalalalaaaaaaaaaaa Lalalalaaaaaaaaaaa...hééé Juif
Laaa Laa Laa Lalalalaaaaaaaaaaa Lalalalaaaaaaaaaaa...hééé Juif
Laaa Laa Laa Lalalalaaaaaaaaaaa Lalalalaaaaaaaaaaa...hééé Juif
Laaa Laa Laa Lalalalaaaaaaaaaaa Lalalalaaaaaaaaaaa...hééé Juif
Laaa Laa Laa Lalalalaaaaaaaaaaa Lalalalaaaaaaaaaaa...hééé Juif
Laaa Laa Laa Lalalalaaaaaaaaaaa Lalalalaaaaaaaaaaa...hééé Juif
Laaa Laa Laa Lalalalaaaaaaaaaaa Lalalalaaaaaaaaaaa...hééé Juif
Laaa Laa Laa Lalalalaaaaaaaaaaa Lalalalaaaaaaaaaaa...hééé Juif
Laaa Laa Laa Lalalalaaaaaaaaaaa Lalalalaaaaaaaaaaa...hééé Juif
Laaa Laa Laa Lalalalaaaaaaaaaaa Lalalalaaaaaaaaaaa...hééé Juif
Laaa Laa Laa Lalalalaaaaaaaaaaa Lalalalaaaaaaaaaaa...hééé Juif
Laaa Laa Laa Lalalalaaaaaaaaaaa Lalalalaaaaaaaaaaa...hééé Juif
Laaa Laa Laa Lalalalaaaaaaaaaaa Lalalalaaaaaaaaaaa...hééé Juif
Laaa Laa Laa Lalalalaaaaaaaaaaa Lalalalaaaaaaaaaaa...hééé Juif
Laaa Laa Laa Lalalalaaaaaaaaaaa Lalalalaaaaaaaaaaa...hééé Juif
Laaa Laa Laa Lalalalaaaaaaaaaaa Lalalalaaaaaaaaaaa...hééé Juif

Laaa Laa Laa Lalalalaaaaaaaaaaa Lalalalaaaaaaaaaaa...hééé Juif
Laaa Laa Laa Lalalalaaaaaaaaaaa Lalalalaaaaaaaaaaa...hééé Juif
Laaa Laa Laa Lalalalaaaaaaaaaaa Lalalalaaaaaaaaaaa...hééé Juif
Laaa Laa Laa Lalalalaaaaaaaaaaa Lalalalaaaaaaaaaaa...hééé Juif
Laaa Laa Laa Lalalalaaaaaaaaaaa Lalalalaaaaaaaaaaa...hééé Juif
Laaa Laa Laa Lalalalaaaaaaaaaaa Lalalalaaaaaaaaaaa...hééé Juif
Laaa Laa Laa Lalalalaaaaaaaaaaa Lalalalaaaaaaaaaaa...hééé Juif
Laaa Laa Laa Lalalalaaaaaaaaaaa Lalalalaaaaaaaaaaa...hééé Juif
Laaa Laa Laa Lalalalaaaaaaaaaaa Lalalalaaaaaaaaaaa...hééé Juif
Laaa Laa Laa Lalalalaaaaaaaaaaa Lalalalaaaaaaaaaaa...hééé Juif
Laaa Laa Laa Lalalalaaaaaaaaaaa Lalalalaaaaaaaaaaa...hééé Juif
Laaa Laa Laa Lalalalaaaaaaaaaaa Lalalalaaaaaaaaaaa...hééé Juif
Laaa Laa Laa Lalalalaaaaaaaaaaa Lalalalaaaaaaaaaaa...hééé Juif
Laaa Laa Laa Lalalalaaaaaaaaaaa Lalalalaaaaaaaaaaa...hééé Juif
Laaa Laa Laa Lalalalaaaaaaaaaaa Lalalalaaaaaaaaaaa...hééé Juif
Laaa Laa Laa Lalalalaaaaaaaaaaa Lalalalaaaaaaaaaaa...hééé Juif

Une nouvelle fois, c'est pas mal du tout ! Pourquoi ne proposeriez-vous pas à Paul McCartney de prendre la place de John Lennon le jour où le groupe se reformera sur scène. Vous assureriez ainsi le succès des Fab Four lors des étapes wallonnes de leur prochaine tournée mondiale.

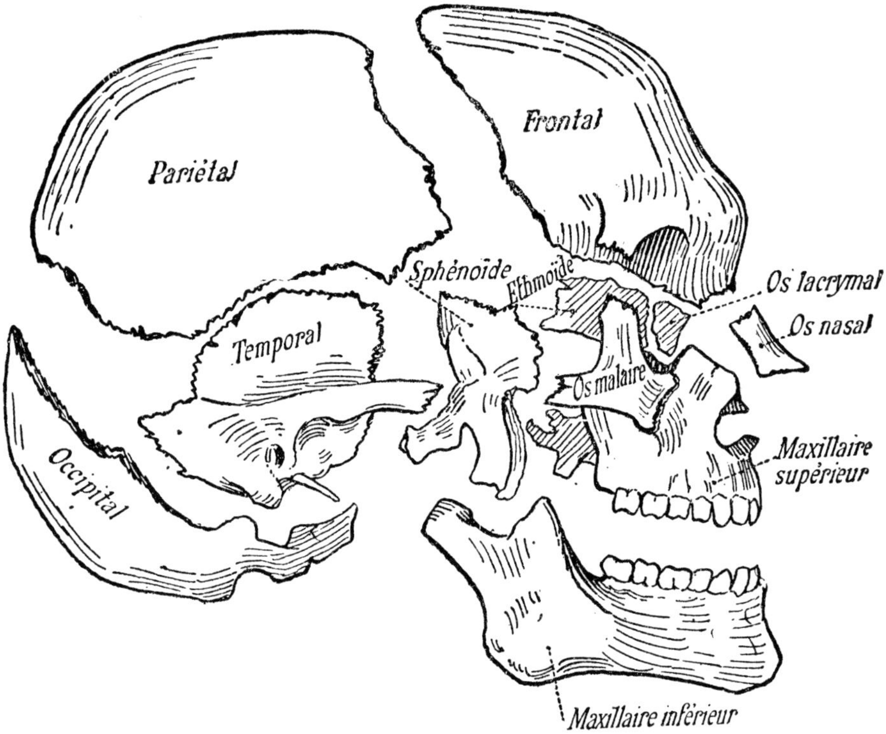

JEAN-MARC MORANDINI PHOTOGRAPHIÉ À L'INSTANT OÙ IL COMPREND LE PRINCIPE DE LA DÉRIVE DES CONTINENTS

Léon J. de Bruxelles

Cher Docteur G.,

Ma femme est laide à un point que vous ne pouvez imaginer. Et depuis notre mariage, il y a huit ans, ça n'a fait qu'empirer. À l'époque, déjà, le prêtre qui nous unissait m'a demandé trois fois si j'étais bien certain de vouloir la prendre pour épouse. Et quand je vois toutes ces jolies filles autour de moi, je me dis que j'ai vraiment été idiot de répondre oui ! Elle ne veut pas divorcer. Alors j'ai décidé de m'en débarrasser et, lors d'une promenade à la campagne, je l'ai poussée, la tête en avant, dans un nid de guêpes et elle est morte étouffée. Je joins sa photo à ma lettre : en la voyant, sans doute comprendrez-vous mon geste.

La photo que vous m'avez envoyée, a-t-elle été prise avant ou après le nid de guêpes ? Si elle a été prise après, je me trouve dans l'impossibilité de vous donner un avis sans avoir vu un document antérieur. Si elle a été prise avant, alors je comprends que les guêpes aient été très effrayées en la voyant arriver !

Gisèle J. de Recogne

Cher Docteur G.,

Mes enfants qui ont 9 et 11 ans m'assaillent de questions sur la sexualité : « Maman, comment est-ce qu'on fait les enfants ?, Maman, qu'est-ce que ça veut dire faire l'amour ? » Ayant reçu moi-même une éducation catholique très stricte et mes parents ne m'ayant jamais parlé de ces choses, je me tourne vers vous, cher Docteur G., pour vous demander de venir à mon secours. Vous qui êtes médecin, vous devriez trouver les mots justes pour expliquer la sexualité à deux jeunes enfants qui sont d'ailleurs à l'écoute de votre émission.

Laissez-moi faire, j'ai ce qu'il faut. Approchez vos enfants de la radio. Approchez, chers enfants, n'ayez pas peur. Le docteur G. ne va pas vous manger ! Eh bien voilà : quand un monsieur est très amoureux d'une madame et que la madame est aussi très amoureuse du monsieur qui est très amoureux d'elle, ils ont envie de se tenir l'un près de l'autre pour s'embrasser. Lorsqu'ils se sont embrassés trois ou quatre fois, des phénomènes physiologiques et psychiques vont se manifester chez ces deux êtres vivants. La partie moyenne, ou corps, de la verge du monsieur – qui je vous le rappelle est appendue à la partie antérieure du périnée et constituée par trois corps tumescents – va entrer en érection. Cet état est dû à la turgescence des organes érectiles. Il provient d'un énorme afflux de sang artériel, retenu sous pression dans les aréoles, alors que le retour du sang veineux est freiné par la contraction des veines. À cet instant, la madame dit : « Oh ! oui Georges ! » Et le monsieur lui introduit son appendice reproducteur dans le conduit musculomembraneux impair et médian. Après quelques minutes, il y a expulsion violente et saccadée du sperme accumulé sous pression dans l'urètre postérieur. Ensuite, le monsieur allume une cigarette et dit : « Alors, heureuse ? » Et voilà ! C'est pas plus difficile que ça, chers enfants. Avec un peu de psychologie et sans vulgarité, on peut tout expliquer à nos chères têtes blondes!

Lucienne de Gilly

Cher Docteur G.,

Nous allons partir en vacances.
Comme chaque année à la même époque,
ma vieille mère qui habite chez nous a insisté pour que mon mari
la pousse dans l'escalier afin qu'elle puisse se casser quelque chose
et être hospitalisée jusqu'à notre retour d'Espagne.
Apprenant cela, notre chien nous a demandé qu'on l'attache à un
poteau au bord de l'autoroute avant de partir.
Nous ne voulions pas, mais il a tellement insisté
que, finalement, nous avons cédé...

Vous m'avez l'air d'être un couple formidable. Je vous signale à toutes fins utiles qu'au cas où vous auriez des voisins juifs, il est inutile de les dénoncer à la Gestapo (même s'ils vous le demandent), étant donné que ce service du ministère de l'Intérieur a été supprimé il y a quelques années déjà.

ENLÈVE TON CHAPEAU ET
DIS BONJOUR À LA DAME...

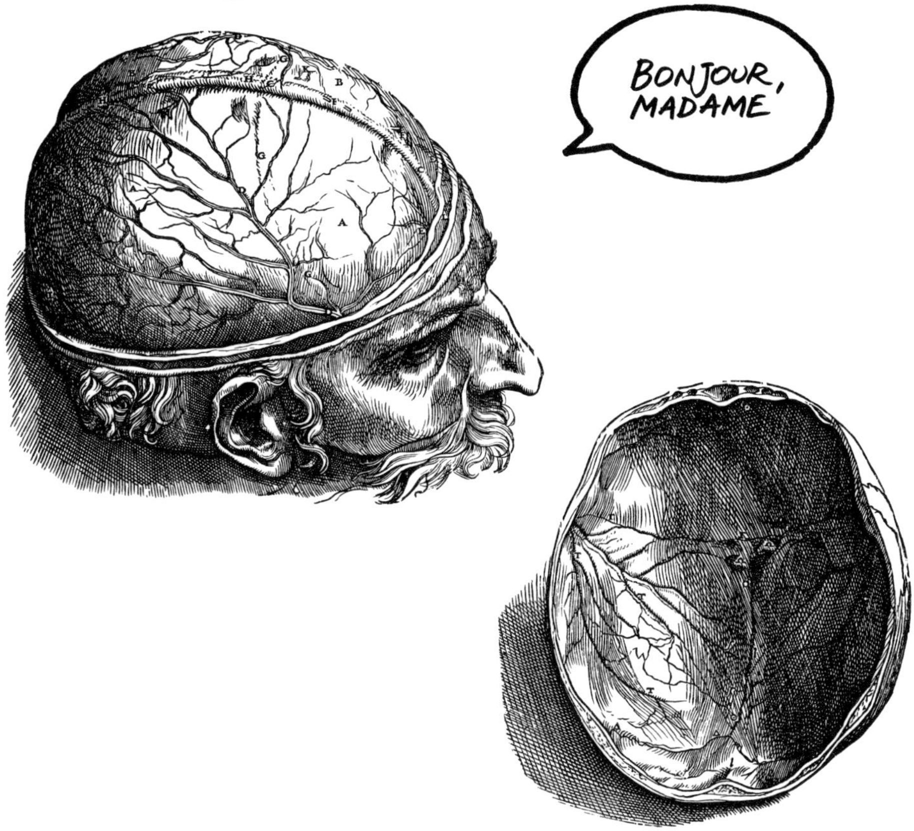

ALLEZ ! ET MAINTENANT
REMETS TON CHAPEAU,
TU VAS ATTRAPER FROID !

Jocelyne D. de Bouillon

Cher Docteur G.,

Avec toutes les publicités à la télévision, on ne sait plus qui croire. Chacun dit qu'il est le meilleur. Tenez, rien que pour les tampons périodiques : est-ce qu'il faut choisir Always, Nana, Tampax, ou Ultra ? Moi, ce que je sais, c'est que j'ai essayé les tampons Jex et que je n'en suis pas du tout contente. Ça gratte beaucoup trop.

Nous savions que la publicité ciblait les imbéciles. Je découvre que ça marche aussi auprès des abrutis profonds.

Yvan de Thoux (Gers)

Cher Docteur G.,

Avez-vous remarqué que c'est quand on quitte le pays qu'on se rend compte qu'on n'y était pas si mal. C'est quand on est loin de sa maison qu'on se rappelle toutes ses qualités. C'est quand on tombe malade qu'on réalise à quel point la santé est importante. C'est quand la bagnole est en panne un matin qu'on mesure le bonheur d'avoir démarré chaque jour jusque-là. C'est quand on se retrouve au chômage qu'on s'aperçoit que ce n'était pas si mal que ça de travailler.

C'est bien vrai ça ! Et dans un même ordre d'idée : C'est quand *Témoin numéro un* commence qu'on se met à regretter Jean-Pierre Foucault. Ou dans un autre domaine : c'est quand le Front national atteint 15 % qu'on réalise que quand

Thibault de Crozon

Cher Docteur G.,

Je souhaiterais faire euthanasier mes parents car ils refusent
régulièrement de me donner deux fois du dessert.
J'ai pourtant déjà menacé mon père de dénonciation à la police
car, sur autoroute, il roule souvent à plus de 140 km/h.
Mais ça n'a pas l'air de l'avoir beaucoup impressionné.
J'ai essayé la violence, mais mon père est très fort et il m'a renvoyé
les boules de pétanque que je lui lançais du balcon du troisième
tandis qu'il faisait sa sieste dans la cour.
J'ai essayé la psychologie : j'ai fait une grève des selles,
mais j'ai été le premier emmerdé. J'ai tenté la ruse :
je me suis déguisé en cuisse de poulet pour me laisser enfermer
dans le frigo, mais je n'ai jamais réussi à ouvrir le Tupperware®
dans lequel on m'avait mis.
J'ai essayé la terreur en aspergeant le lit de mes parents
d'essence, la nuit, et en y mettant le feu.
Et ça, ça a marché !
À l'orphelinat, on me donne deux fois du dessert.

Toi, au moins, tu sais ce que tu veux.

EN VOILÀ UN
QUI NE SALIT PAS
SES MOUCHOIRS !

Ronald C. de Fossemagne

Cher Docteur G.,

Je suis chargé de vous poser une question de la part d'une personne qui redoute, pour des raisons que je ne connais pas, d'être reconnue par ses proches si elle vous la posait elle-même ou si, moi, je vous la posais avec trop de précision.
Il s'agit du frère de l'oncle du patron de l'ex-femme de l'architecte qui a réalisé les plans de la maison du fils du boulanger, il s'appelle Max. En réalité, il ne s'appelle pas Max. Ce nom est faux. Voici son adresse, qui est fausse également :
20 rue de la Station, 57220 Jarville.
Je sais ! Le numéro postal de Jarville n'est pas 57220 pas plus qu'il n'y existe de rue de la Station, mais je brouille les pistes.
Son numéro de téléphone est le 63.24.12.
Inutile de préciser le préfixe puisque le numéro est inexact. Bon ! et Max souffre de... heu... c'est assez difficile à expliquer... il souffre... voilà : il souffre.

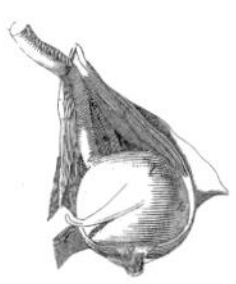

Oui, oui ! Je vois le problème ! Mais rassurez-vous ! Il existe d'excellents suppositoires contre la souffrance : qu'il en prenne deux par jour. Ils sont disponibles par boîtes de six, parfumés à la fraise ou à la menthe.

Marcel F. de Cahors

Cher Docteur G.,

Ma femme et moi sommes séparés depuis trois mois.
Elle vit actuellement avec un Portugais. Comme nous
travaillons dans la même entreprise, nous nous voyons
tous les jours et je l'entends quotidiennement dire autour
d'elle : « Depuis que j'ai quitté cet imbécile,
c'est le bonheur ! Comment ai-je pu rester si longtemps
avec un connard pareil ? »
Et là où je ne comprends pas bien, c'est qu'à ma
connaissance elle est toujours avec ce type,
vu que, tous les soirs, il vient la chercher avec son auto.
Et de toute façon, même si c'était vrai, je trouve qu'elle ne
devrait pas parler de lui comme ça.

Marcel, si vous êtes trop con pour comprendre que c'est de vous qu'elle parle, je comprends qu'elle vous ai quitté ! Cela dit, essayez de refaire votre vie : sortez, voyez du monde, il y a des tas de connasses qui seront ravies de vous rencontrer.

Marcel Q. de St-Philbert-de-Grand-Lien

Cher Docteur G.,

Comme vous me l'avez demandé, je vous envoie le petit mot qui, je l'espère, contribuera à remplir valablement votre livre et à lui faire atteindre le nombre de pages prévu au contrat.

Merci, Marcel. Mais il n'était pas absolument nécessaire d'expliciter la raison pour laquelle je vous avais demandé de m'écrire.

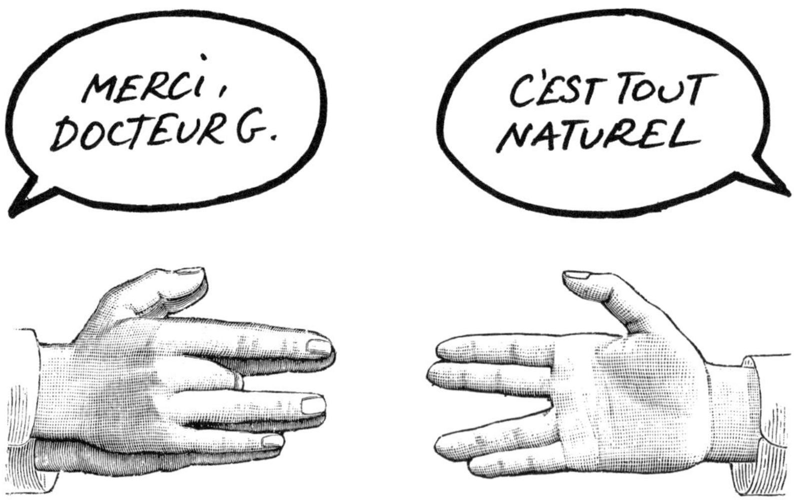

LEXIQUE

Dans les pages qui suivent, le lecteur trouvera les mots les plus utilisés en médecine, suivis de leur définition détaillée. Le format pratique et la présentation claire de ce lexique en font le compagnon indispensable du malade. « Depuis que je connais le lexique du Docteur G., je ne vais plus jamais chez le médecin sans lui », nous confiait pas plus tard que récemment Madame L. de Bruxelles.

Acébrochol (n.m.). Opération chirurgicale assez délicate : il s'agit d'une transplantation cardiaque sans anesthésie. Du côté du donneur, ce n'est de toute façon pas un problème. Au greffé, on demande de penser à autre chose et de mordre sur sa chique. Dès ce moment, tout doit aller très vite : on découpe la cage thoracique à la disqueuse, on enlève le vieux cœur, on met l'autre et on recoud à toute vitesse. Certains médecins choisissent ce procédé parce que le malade peut alors sortir immédiatement de clinique et ne perd qu'une demi-journée de travail.

Aigremoine (n.m.). Du grec *aigros* : chasser, et *moinos* : témoin de Jéhovah. L'aigremoine est l'ensemble des moyens utilisés pour se débarrasser des témoins de Jéhovah qui viennent sonner à votre porte, comme ceux que l'on trouve dans le Marabout Flash n° 36 « Je me débarrasse des témoins de Jéhovah ». Il s'agit d'abord de s'équiper d'une sonnette en cuivre branchée sur 380 volts qui a pour effet de carboniser instantanément l'intrus. Si, par malheur, le témoin de Jéhovah frappe à la porte au lieu de sonner, prévoyez d'avoir toujours à

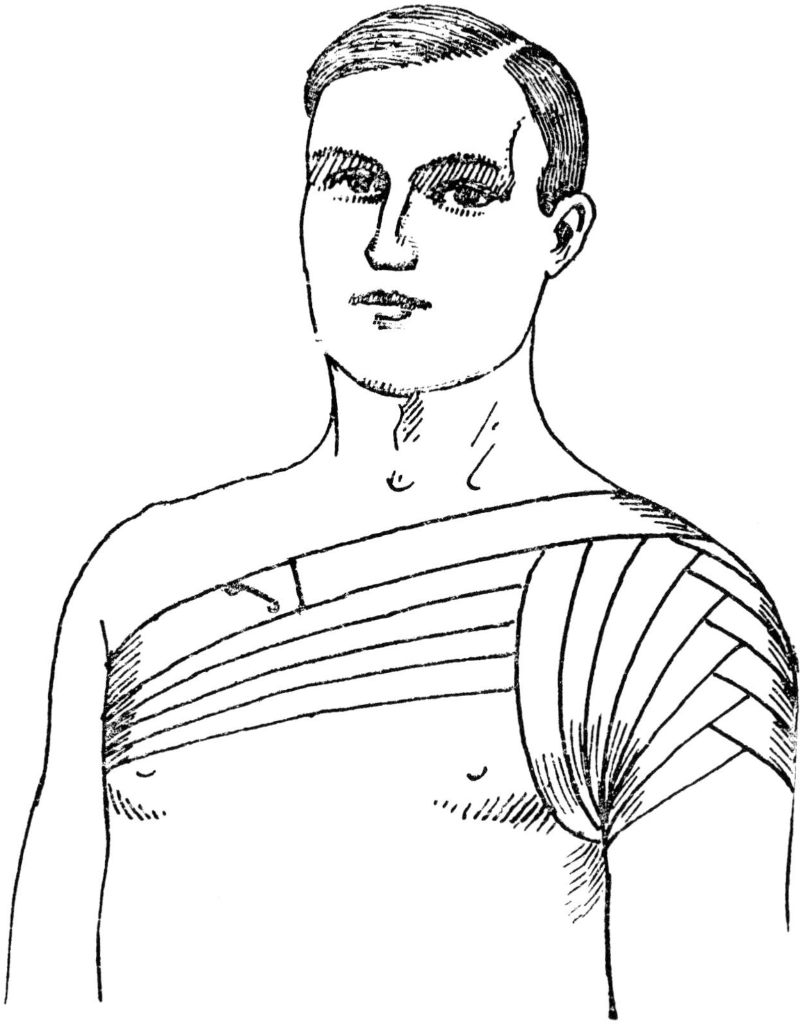

TOUTÂNKHAMON
(LES DÉBUTS)

portée de la main, dans le hall d'entrée, un flacon d'acide sulfurique, une casserole d'huile bouillante et une tronçonneuse en marche. Disposez également quelques mines antichar dans le jardin. Lorsque vous avez neutralisé le témoin de Jéhovah, clouez-le sur la porte du garage, l'odeur éloignera les autres.

Apographe (n.m.). Du grec *apo* : le dernier, et *graphe* : écriture (mais, dans ce cas-ci, on disait que ça voulait dire parole). L'apographe est la dernière parole prononcée par un homme ou une femme célèbres avant de mourir. L'apographe de Jésus de Nazareth est le fameux *Mon Dieu, pourquoi m'avez-vous abandonné, aaaarghll...*, mais *aaaarghll* n'est généralement pas retranscrit dans les textes saints. La dernière parole de Jeanne d'Arc fut très belle également, car cherchant à calmer les esprits : *Ne jetons pas d'huile sur le feu !* Ayrton Senna, lui, fut plus sobre : *Tiens ! Un mur...* L'ultime considération de John F. Kennedy fut adressée au chauffeur : *Je dois faire pipi, vous me descendrez au prochain carrefour*. Et citons enfin les derniers mots d'Étienne Mougeotte sur son lit de mort : *Pardon !*

Barolo (n.m.). Émission de très mauvais goût de la télévision italienne. Dans le barolo, il n'y a aucune limite, au contraire de cet ouvrage où il nous arrive bien entendu de dire couille, bite ou Jean-Luc Morandini (mais toujours sans vulgarité). Dans le barolo, rien n'arrête les protagonistes : ils se moquent des handicapés, ils torturent les vieux, ils collectent des fonds pour les enfants malades et, avec l'argent récolté, ils achètent du champagne dont ils emplissent des baignoires où se vautrent des femmes nues. Et je ne parlerai pas de leurs caméras cachées chez l'urologue des hauts dignitaires du Vatican. Mais ça marche, ça fait des parts de marché ! Alors les responsables de la chaîne se prosternent humblement devant l'audimat en baissant leur pantalon.

Batracine (n.f.). Du grec *batrassos* : la grenouille. La batracine est l'ancêtre du papier attrape-mouche. Les Grecs anciens, n'étaient pas des imbéciles, sinon auraient-ils inventé les champignons à la grecque, les raisins de Corinthe, les gréco-latrines, le sirtaki, les calendes grecques, le citron à la grecque (plus connu sous le nom de greg lemond)... et Achille Tallon ? Bon ! La batracine est donc cette grenouille que l'on accroche par la langue, au plafond au moyen d'une punaise. Le poids de l'animal le fait descendre, déroulant ainsi une langue gluante de 20 à 25 centimètres sur laquelle les mouches viendront se coller. Au bout de quelques jours, la grenouille, qui ne se nourrit plus, perd du poids et commence à remonter le long de sa langue, ce qui lui permet de manger les mouches qui s'y trouvent. Arrivée tout en haut, elle a tellement ingurgité d'insectes qu'elle reprend du poids, ce qui la fait redescendre et dérouler une langue toute propre.

Biscôme (n.m.). Le biscôme est le gêne de la calvitie chez la femme, heureusement rare chez la meilleure amie de l'homme. Certains disent pourtant qu'être une femme chauve ne représente pas que des inconvénients. Ça permet au moins, pendant la guerre, de coucher tant qu'on veut avec les Allemands.

Bourdaine (n.f.). Recette de cuisine basée sur le principe des poupées russes. Au départ, c'est un chameau que l'on fait rôtir à la broche. Le chameau est farci avec un âne entier qui, lui-même, a été farci avec un porc dans lequel on aura mis un thon. Le thon a été vidé et farci avec un lièvre dans lequel on a mis un pigeon qui, lui-même, a préalablement été farci d'une grenouille dans laquelle on enfonce une moule. Dans la moule, il y a un scampi, dans le scampi une crevette et dans la crevette un clou de girofle. Et c'est ça, au fond, qui donne ce goût si particulier.

Cabanis (Georges). Dit Raohni, l'ami de Sting, vous savez... ce chef indien d'Amazonie qui passe le plus clair de son temps à se mettre des sous-tasses dans la lèvre inférieure pour faire rire ses copains.

LE CANCER DU SOURD

Mais dans la famille Raohni, il y a beaucoup de rigolos : son frère, Raohno, se met des pièces de 5 francs dans les paupières du bas ; sa sœur, Raohna, porte des fourchettes à fondue dans les oreilles et son beau-frère, Gérard, se met des piles Duracell dans les narines. Raohni va bientôt pouvoir ouvrir un cirque comme Jean Richard. La seule vraie différence entre les deux hommes, c'est que Raohni ne jouera jamais le rôle de Maigret. Pourtant, il aurait été pas mal.

Chrysops (n.m.). Méthode de stérilisation encore pratiquée dans certains pays à trop forte natalité. Le condamné (je veux dire le patient) est ligoté (je veux dire prend place) sur une chaise percée et, par en dessous, le bourreau (je veux dire le médecin) lui enserre les testicules dans un moule à croque-monsieur brûlant. Peut également se faire avec un moule à gaufre.

Coconnière (n.f.). De *cocon* : le cocon, et *nière* : Mercedes 300 diesel. La coconnière est un modèle de chez Mercedes qui fait fureur en Ardenne pour le moment. L'équipement d'origine est fabuleux : sièges en chêne massif. Airbags en velours côté conducteur et passager. Rangement pour les bûches. Feu ouvert avec cheminée en pierres du pays et hotte en cuivre martelé représentant une scène de chasse au sanglier. Crochets à jambons au plafond et klaxon à plusieurs tons jouant une sonnerie de cor.

Dégrillage (n.m.). C'est la journée portes ouvertes au zoo d'Anvers. Mais je devrais plutôt dire grilles ouvertes. Une fois par an, les pensionnaires du zoo peuvent se rendre visite d'une cage à l'autre. C'était une bonne idée, mais ça n'a eu lieu qu'une année parce que les tigres se sont empressés d'aller bouffer les gazelles, l'hippopotame est allé piétiner les papillons, les ours blancs ont attaqué les phoques, et les vautours sont allés s'électrocuter sur les lignes électriques de la gare. Le seul incident positif, c'est que l'adjoint du gardien-chef s'est fait arracher les deux bras par un lion. Je dis positif parce que ce type, qui est un néonazi notoire, ne pourra, au moins, plus faire le salut fasciste.

Démersal (adj.). *Dé* de dégueulasse, *mer* de merde et *sal* de sale. Littéralement: sale merde dégueulasse. Démersal se dit des actions antiécologistes. L'écologie préoccupe peu de monde, il faut bien l'avouer. Il suffit pour ça d'observer les faibles résultats électoraux des Verts. Comme me le disait Mme Lustigier (l'épouse de Monseigneur Lustigier): « L'écologie, à part les manchots et les serpents, tout le monde s'en branle. » Il est vrai que, à part 5 ou 6 % d'électeurs sensibles à la préservation de l'environnement, 95 % de la population s'en tape. Eh bien, pour ceux-là, il existe maintenant sur le marché des produits démersaux: des produits antiécologiques. C'est de l'essence

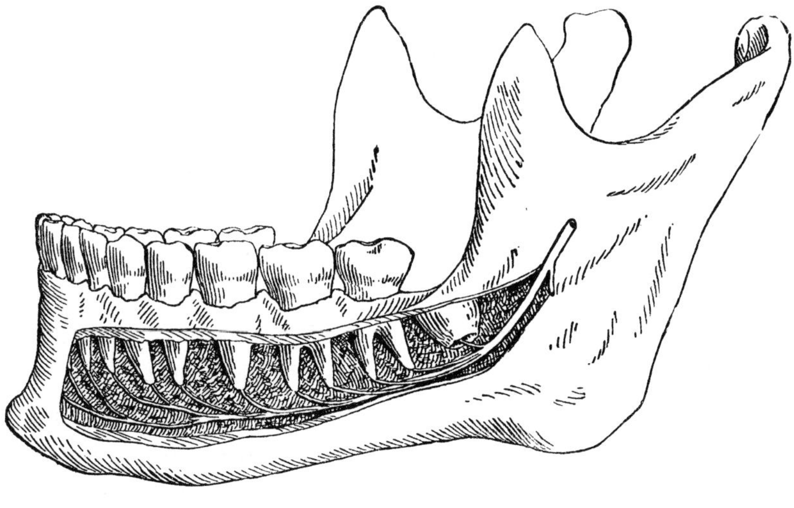

JEAN-MARC MORANDINI
ENLÈVE LE BAS

enrichie au plomb et au soufre, c'est de la lessive avec plus de phosphates, ce sont des bombes aérosol ne contenant ni parfum ni insecticide, mais seulement du gaz qui détruit l'ozone.

Électrum (n.m.). Chaise électrique à piles, pour exécution en province. Le condamné n'est pas toujours transportable ou, s'il est très occupé, n'a pas toujours le temps de se rendre dans une grande ville pour être exécuté. Dans ces cas-là, on lui envoie le bourreau avec l'électrum. Ça marche avec des piles de 4,5 volts. Le problème, c'est qu'il en faut énormément pour créer un courant suffisament puissant. Alors le bourreau s'énerve et il finit par étrangler le condamné. Ce n'est pas légal, mais le résultat est le même.

Énanthème (n.m.). Terme technique de l'audiovisuel. Un énanthème est une émission à vocation mondiale. Plus encore que CNN, l'énanthème, selon ses concepteurs, s'adresse à tous les habitants de la terre jusqu'au fin fond de l'Ardenne... et je n'en veux pour preuve que l'animateur commence chaque émission en saluant les téléspectateurs dans toutes les langues et dialectes du monde. Un peu comme le papapakarom... je veux dire le pape à Pâques à Rome. Mais en beaucoup plus. Mais le problème, toujours selon les concepteurs, c'est que le temps que le présentateur ait fini de dire bonjour dans toutes les langues, l'émission est terminée. Et il n'a même pas le temps de dire au revoir dans toutes les langues.

Étresse (n.f.). Greffe de cheveux. Les chauves ont tout essayé : le postiche, les implants, le tressage, mais ça ne passe jamais inaperçu. Alors un chirurgien portugais a imaginé un système révolutionnaire : il prélève de la peau sous les bras du donneur puis la greffe par petites touffes sur le crâne du chauve. Bien sûr, il faut plusieurs donneurs pour un chauve et, quand ils ont des teintes de poils différentes, ça donne un genre patchwork étonnant. Mon conseil : le chauve ne doit plus se frictionner au Petrole Hahn mais au Narta.

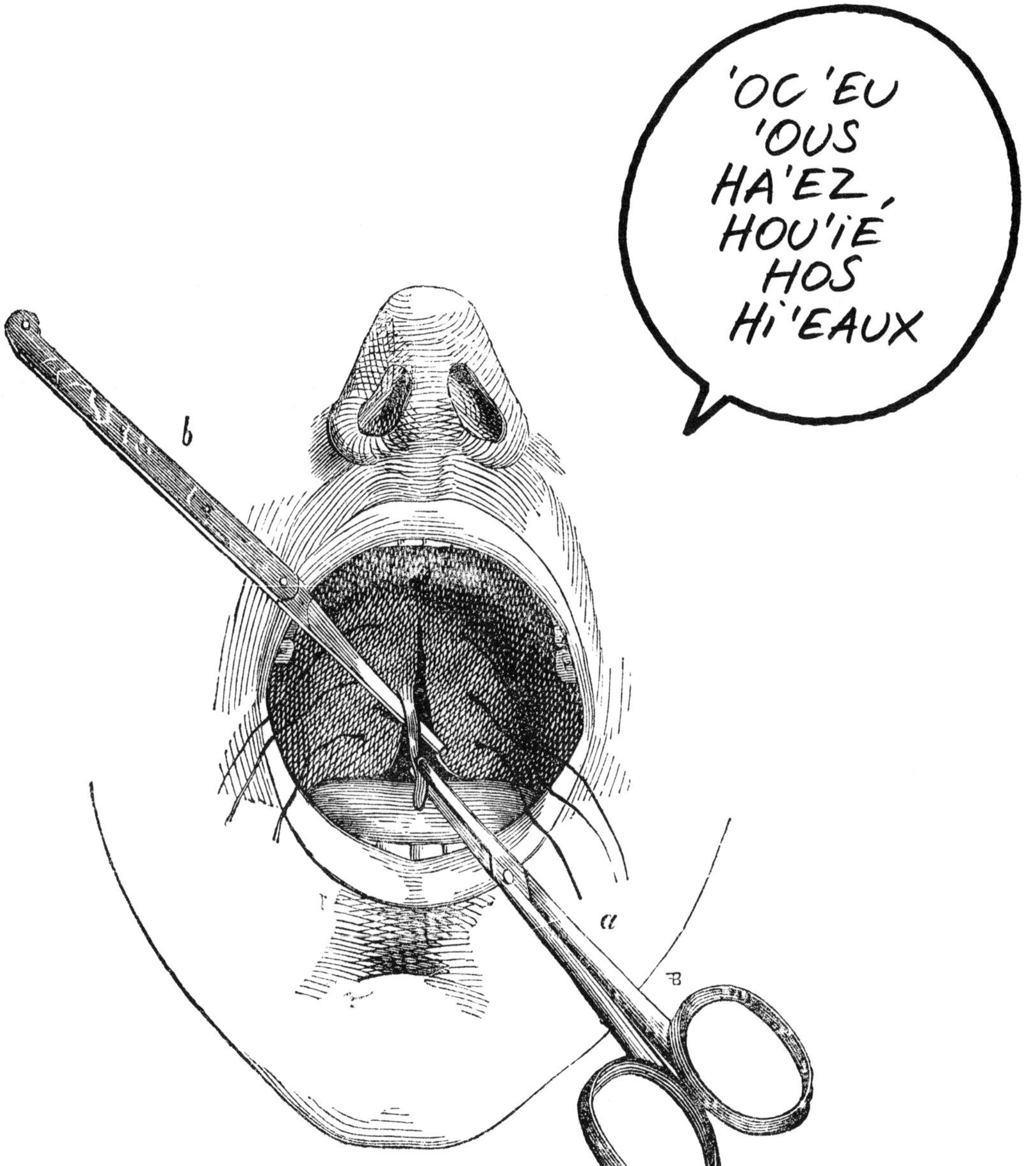

FIG. 441.

Févier (n.m.). Arbre d'Afrique de 20 à 25 m de haut, proche du cocotier, appelé aussi arbre porte-bonheur et produisant des noix de 14 à 18 kg. La tradition veut que l'on place le couffin du nouveau-né sous un févier pendant une demi-journée au moment de la chute des fruits. Si aucune noix ne vient écraser l'enfant, c'est un signe de chance. Dans le cas contraire, non.

Floe (n.m.). Malformation assez rare chez l'homme due à une inversion chromosomique. Tous les organes (internes) sont à l'extérieur et vice versa. Un homme qui a le floe aura les oreilles, les cheveux, le nez, les bras, les ongles, à l'intérieur du corps, et l'estomac, le foie, les intestins, le cerveau, à l'extérieur. Il faut bien avouer que ça n'aide pas à emballer les filles dans les surboums.

Forcipule (n.f.). De *forci*: la force, et *pule*: le pull. La forcipule est le pull-over de force que l'on met aux fous dans les asiles d'aliénés au pôle Nord. Revêtu d'une simple camisole de force, le pauvre fou s'enrhumerait, nous dit le professeur Progrout (de l'institut). Mais, me direz-vous, y a-t-il tant d'Esquimaux fous pour que l'on doive construire des asiles entiers? Mes pauvres amis, si vous saviez! Les malades manteaux*, là-bas, courent les rues de Pôlenord City. La plupart des malheureux déments se prennent pour des esquimaux de cinéma: ils s'enduisent le corps de chocolat, s'enfoncent un bâton dans le derrière et partent alors sur la banquise en hurlant « bonbons, chocolats glacés » dans la nuit polaire.

*Manteaux bien chauds (n.d.l.r.)

Galamine (n.f.). Du grec *gala*: lumineux, et *minos*: sonore. Une galamine est un feu rouge sonore, spécialement conçu pour les non-voyants. En effet, comment l'automobiliste aveugle sait-il qu'il doit s'arrêter au feu rouge, puisqu'il ne le voit pas? Eh bien! grâce à la galamine, il le sait. Pour les automobilistes aveugles et sourds, il y a la schlingalamine. C'est la même chose que l'autre, mais celle-ci vaporise en plus une odeur de menthe, quand c'est vert, et un parfum de fraise, quand c'est rouge. Les automobilistes sourds, aveugles et enrhumés, eux, sont priés de prendre un taxi.

Gaulthérie (n.f.). Airbag du pilote sur un avion de ligne Sabena. Sur la Lufthansa, ils ont l'airbag pilote et passagers. Ça ne sauve personne, mais ça facilite l'identification des corps quand on ramasse les morceaux.

Glossoptôse (n.f.). Grande fête du pus chez certaines peuplades d'Amérique du Sud. Tout au long de l'année, le sorcier du village

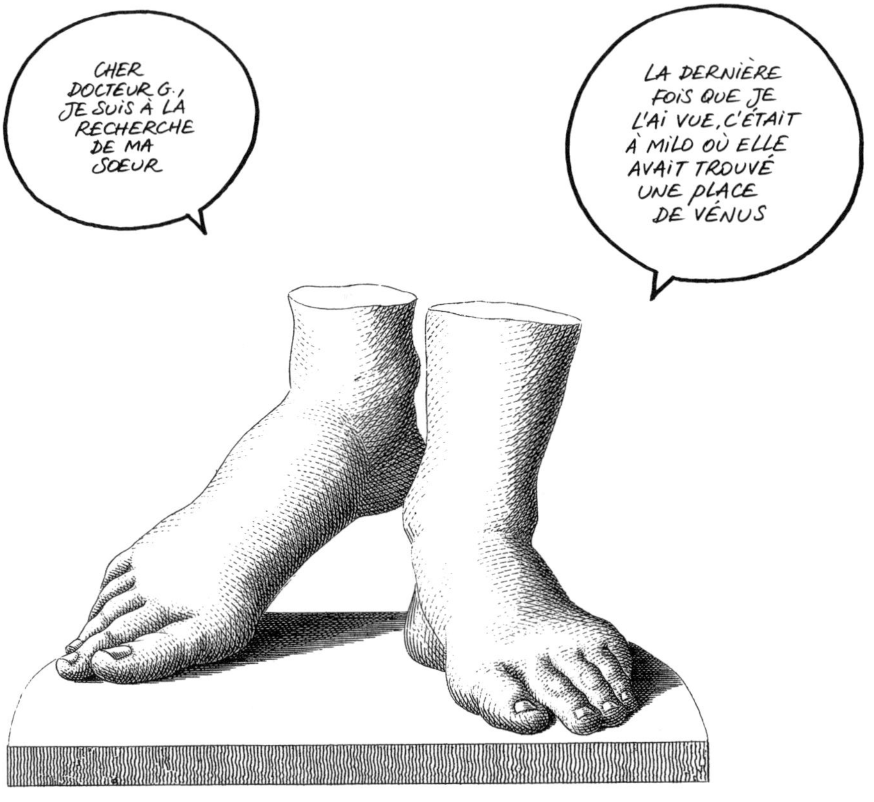

récolte le pus chez les vieux dans des abcès qu'il entretient soigneusement. Et, lors du solstice d'été, il sort son tonneau de pus et en sert un grand bol à tous les villageois qui le dégusteront les yeux mi-clos en marmonnant des incantations. Bernard Lavilliers, lors d'un de ses nombreux voyages en Amazonie, a d'ailleurs récemment été élevé au rang de chevalier du tastepus chez les Machoncas.

Glucagon (n.m.). Du grec *gluca* : l'animal, et *gon* : le psychanaliste. Glucagon est synonyme de zoopsychiatre. Si, dans notre monde de dingues, les gens sont de plus en plus déboussolés face à la vie moderne, les animaux le sont aussi, et la psychiatrie animale commence du reste à générer des revenus substantiels. Le glucagon que nous avons interrogé pour vous nous confiait que, parmi ses patients, il y a bien sûr les habituels chien-chiens et cha-chats à leur mémère mais aussi des poissons, des oiseaux et un cheval (pour lequel il a d'ailleurs dû faire renforcer les pieds de son divan). Lorsque son client perroquet lui répète inlassablement que Coco est content, il sait bien, lui le docteur, que c'est une façade, mais le psychopathe parle, et c'est là le principal. En quelques séances, le médecin parvient généralement à faire repousser des plumes ou redonner l'appétit aux déprimés. Son seul échec est la girafe du zoo d'Anvers qui, depuis trois ans, se prend pour une moule. Les enfants s'amusent à l'effrayer en lui montrant du céleri, du vin blanc et des oignons. Alors, elle s'encourt à toutes jambes et va se cacher derrière le petit brise-lame en carton qu'on lui a construit dans son enclos.

Gravelle (n.f.). Recette de cuisine inutile. Extrait du Marabout Flash n° 158 « La cuisine inutile facile » : remplissez une casserole d'eau froide que vous portez à ébullition. Laissez réduire. Lorsque toute l'eau est évaporée, votre casserole est sèche, mais elle est chaude. Alors, vous la laissez refroidir pendant une dizaine de minutes. Pendant ce temps, dans une autre casserole, ou à la rigueur dans une

BONNE NOUVELLE !
ON A RETROUVÉ BOBBY,
LE CHIEN DE MME VERDONCK
DE WOLUWÉ-SAINT-PIERRE

Chien vivant préparé pour des expériences.

Fig. 457.

bouilloire, vous portez à ébullition deux litres d'eau. Lorsque l'eau bout à gros bouillons, vous la versez dans la première casserole (qui est froide maintenant) et vous remuez avec une spatule. Remettez la casserole sur un petit feu et, au besoin, rajoutez un peu d'eau tiède. Ensuite, ramenez à ébullition pendant deux à trois minutes. Retirez du feu et laissez refroidir dans un endroit sombre. Lorsque l'eau est froide, vous pouvez la conserver plusieurs jours au réfrigérateur ou la jeter tout de suite.

Harara (n.m.). C'est fait pour ceux qui ne peuvent pas se permettre de mourir au-dessus de leurs moyens. Il s'agit d'un enterrement bon marché. Et quand on y pense, c'est pas bête ! Surtout quand on voit ce que coûte un cercueil capitonné en chêne massif avec des poignées en bronze, pour l'usage qu'on en a. Surtout si on se fait incinérer. On comprend que certains choisissent l'harara qui pour un forfait de 7 000 FB HTVA* comprend le cercueil en carton,- la pierre tombale en plâtre Goldband

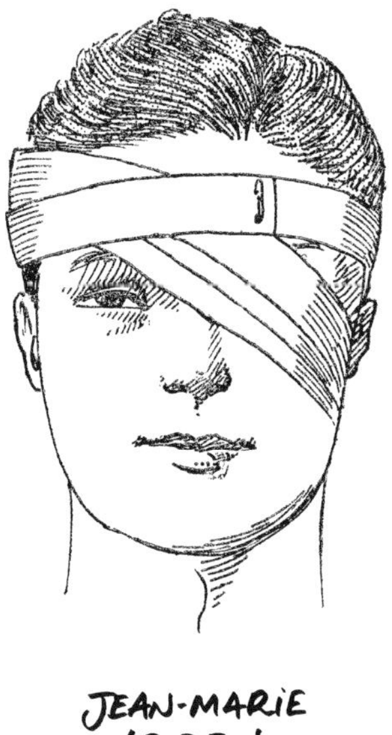

JEAN-MARIE LE PEN

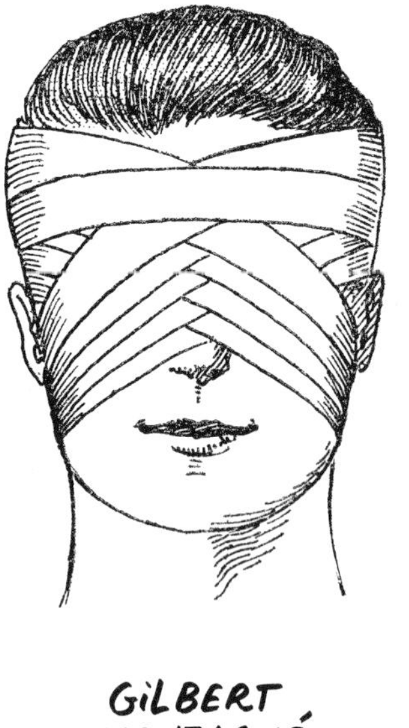

GILBERT MONTAGNÉ

avec le nom du mort gravé au Bic et le transport en corbillard Lada par deux croquemorts polonais.
*± 24 000 yens.

Horse-pox (n.m.). Yorkshire géant dont les glandes surrénales sont utilisées en pharmacie. L'horse-pox a la taille d'un bouvier. Le petit nœud rouge qu'il porte sur la tête a la taille du gros nœud que Francis Lalanne se fait régulièrement mettre dans la nuque. Si Jean-Paul Belmondo portait dans les bras deux yorkshires

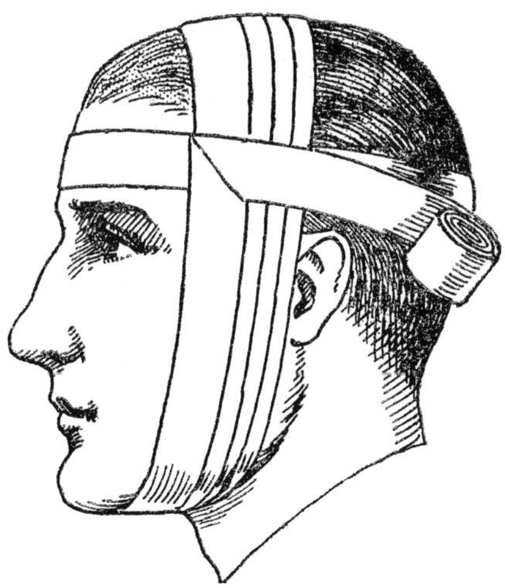

JEAN-MARC MORANDINI

géants au lieu de ces deux petites choses ridicules qui font plus penser à ces gants de cuisine qu'on utilise pour retirer des plats du four qu'à des chiens... eh bien, il aurait l'air un peu moins efféminé !

Indiella (n.m.). Dans nos pays, les étudiants chirurgiens vont à l'université où ils apprennent à opérer. D'abord sur du bifteck, ensuite sur des cadavres humains et enfin sur des animaux vivants avant de se lancer dans le métier. Dans les pays totalitaires d'Amérique du Sud, les étudiants tortionnaires vont à l'indiella : l'école de police où ils pourront s'entraîner à interroger des détenus. Ils torturent d'abord des biftecks, puis des cadavres, ensuite des animaux. On y remarque d'ailleurs que le porc crie beaucoup plus vite que l'opposant politiquc. Sans doute parce que le cochon a moins de choses à avouer que le communiste.

Kimmelstiel (n.m.). Du nom de son inventeur Hans-Friedrich Kimmelstiel. Le Kimmelstiel™ est un suppositoire digital que l'on s'administre le soir au coucher, après l'avoir réglé comme un radio-réveil. À l'heure dite, le sujet se met à émettre lui-même le son souhaité : ça va de *Drriiiing* à *Coucou*, ou de *Debout les gars, réveillez-vous !* à *Y'a d'la joie !* de Charles Trenet. Il suffit de se mettre à la verticale et le bruit cesse. Ce gadget est amusant et bon marché. De temps en temps, bien sûr, il y a une fausse note. Comme chez ce couple de Dinant dont le mari s'était administré le Kimmelstiel™ avant de se mettre au lit. Au milieu de la nuit, le malheureux décède d'une attaque cérébrale dans son sommeil. Lorsque le médecin arrive, il est trop tard. Alors, les proches veillent le défunt jusqu'au matin. Et à 7 h 30 pile, le mort se met à chanter *C'est nous les gars de la marine* devant la famille éplorée.

Lépromine (n.f.). Bombe de gaz antiagression parfumé à la lavande. On peut lire sur l'étiquette : protège l'ozone et votre sac à main.

Lipidose (n.f.). Sorte d'aiguille géante que l'on introduit sous la peau pour pratiquer la liposuccion. Ah ! Le monde fabuleux de la liposuccion ! Ces dames qui vont se faire aspirer la graisse des cuisses et du ventre par des médecins dont on se demande s'ils n'ont pas prêté le serment de Crésus plutôt que celui d'Hippocrate. Mais n'oublions pas que, dans le temps, ça se faisait à la bouche, mais de trop nombreux liposuceurs ont avalé par mégarde, alors on a inventé l'appareil et c'est mieux comme ça. Je m'en voudrais de terminer cette définition sans avoir rendu hommage aux dévoués bénévoles de l'association Liposuccion Sans Frontières qui redistribue dans le tiers-monde la graisse sucée chez nous.

Matico (n.m.). Ensemble des trucs et astuces pour arrêter de fumer consignés dans le Marabout Flash n° 73 intitulé « J'arrête de fumer ». Celui qui veut vraiment arrêter de fumer n'a pas 36 solutions à sa disposition. Solution n° 1 : il se coupe les bras et, dès cet instant, il lui devient extrêmement difficile d'allumer ses cigarettes. Solution n° 2 : il se coud les lèvres et dès lors ne parviendra plus à mettre sa

DOCTEUR, DEPUIS QUE JE ME COIFFE À LA TRONÇONNEUSE, J'AI D'AFFREUX MAUX DE TÊTE

FAUT-IL DIRE LA VÉRITÉ AU MALADE ?

cigarette en bouche. Bon, il devra aussi être sûr de ne plus jamais avoir envie de vomir et accepter d'être nourri par sonde anale (ce qui n'est pas si désagréable que ça, me disait récemment un camarade qui adore la cuisine grecque).

Mélanurie (n. f.). Depuis l'interdiction du lancer de nains, les adeptes de ce sport se sont tournés vers d'autres amusements comme la mélanurie : le lancer de morts. C'est un peu plus dur à lancer que des nains, mais au moins il ne faut pas leur mettre de casque. C'est parfaitement légal, il suffit d'avoir l'accord du mort. Donc si, durant toute votre vie, vous avez toujours préféré le sport aux sciences, il vous est désormais possible de léguer votre corps au sport plutôt qu'à la science, et vous participerez peut-être ainsi à la prochaine mélanurie. On nous a dit que Raymond Devos avait voulu s'inscrire, mais que les mélanuristes ont refusé sa candidature.

Molina (Louis). Producteur italien. Il vient de réaliser un coup de maître. Sur un *disque-aid* en faveur de la recherche contre la myopie, il a rassemblé un plateau prestigieux : l'abbé Pierre, mère Thérésa, Mgr Daneels, l'évêque Desmond Tutu et le pape Jean-Paul II, lui-même, qui a accepté de faire les maracas. Mais le plus étonnant est sans doute le choix du répertoire. Ils vont chanter *Sea, sex and sun* sur la face A et *Fernande* sur la face B.

Nachtigal (Gustave). De son vrai nom Ounga Timbari. Nachtigal est le gynécologue de la femme de Raohni. Vous savez... ce chef indien d'Amazonie qui se met des sous-tasses dans la grande lèvre du bas. Nachtigal m'a confié que Mme Raohni aussi.

Nosode (n.m.). C'est un cas clinique : un nosode est quelqu'un d'hypersensible à la douleur. Pour vous donner une idée : le nosode qui doit se faire couper les cheveux ne le supporte que sous anesthésie générale.

Orthostate (n.m.). Du grec *ortho* : le doigt, et *tate* : tater, l'orthostate est l'autre nom du toucher rectal dont les deux grands principes, je vous le rappelle, sont les suivants : le médecin doit éviter d'avoir de longs ongles ébréchés à la main DROITE et il doigt prendre l'habitude de se lécher un doigt de la main GAUCHE pour tourner les pages de son carnet de rendez-vous.

Oxydase (n.f.). Une oxydase est une bonne blague. Nous connaissions déjà les blagues téléphoniques classiques, dans le genre : « Allo, monsieur Leclou ? Ici monsieur Marteau » ou encore « Allo?... Non ! À l'huile ! Ah ! Ah ! Ah ! » Mais il y a mieux : la blague téléphonique active. Vous appelez huit compagnies de taxis différentes et vous demandez à chacune d'envoyer une voiture chez votre voisin d'en face. Ensuite vous vous mettez à la fenêtre et vous regardez. Vous pouvez faire la même chose avec des livreurs de pizzas, et pourquoi pas à la même heure que les taxis ? Et enfin, une bonne idée de blague par fax : collez bout à bout trois feuilles de papier à lettre que vous introduisez dans le fax et lorsque le début est passé, vous le collez à la fin pour faire une boucle et vous envoyez ça à votre voisin d'en face pendant qu'il accueille les taxis et les pizzas. Quand il reviendra dans son bureau, ses 120 mètres de papier fax seront déroulés dans la pièce.

Partènement (n.m.). De parking et enterrement. C'est un cimetière dans lequel on enterre les gens avec leur voiture. Principalement dans deux cas : à la suite d'un accident de la route particulièrement violent, quand on n'arrive pas à extraire les cadavres de la carcasse, ou alors lorsqu'une famille entière décède dans l'accident et si la valeur résiduelle du véhicule est inférieure au prix de revient de quatre ou cinq cercueils en chêne.

Pneumoconiose (n.f.). Maladie très rare. Celui qui en souffre a les poumons remplis de rillettes d'oie. Ça a des inconvénients, bien sûr, c'est que, plus il y a de rillettes, moins il y a de place pour respirer. Mais il y a aussi des avantages : celui qui souffre de pneumoconiose peut préparer des sandwichs à toute la famille rien qu'en toussant sur des tartines.

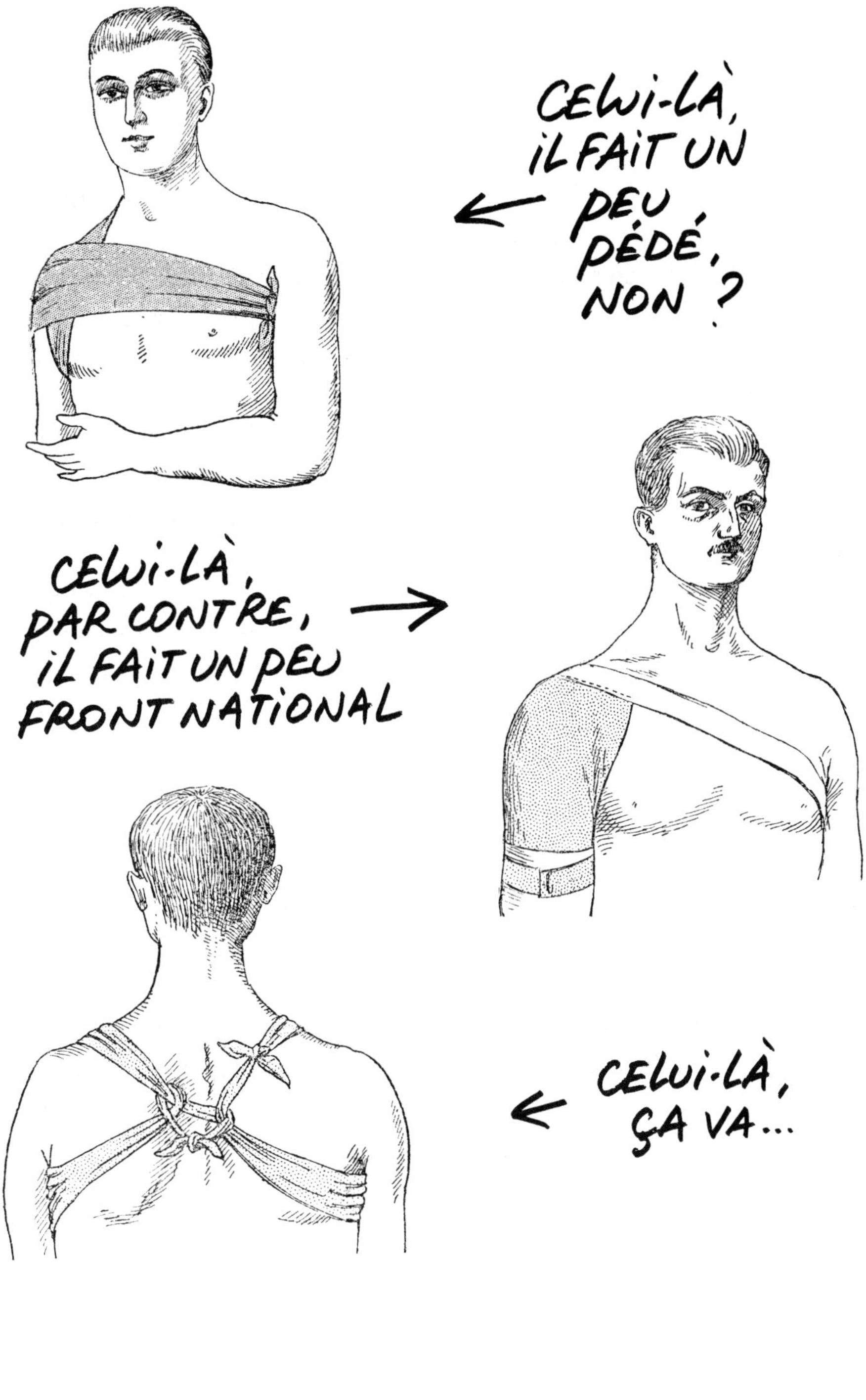
CELUI-LÀ, IL FAIT UN PEU PÉDÉ, NON ?
CELUI-LÀ, PAR CONTRE, IL FAIT UN PEU FRONT NATIONAL
CELUI-LÀ, ÇA VA...

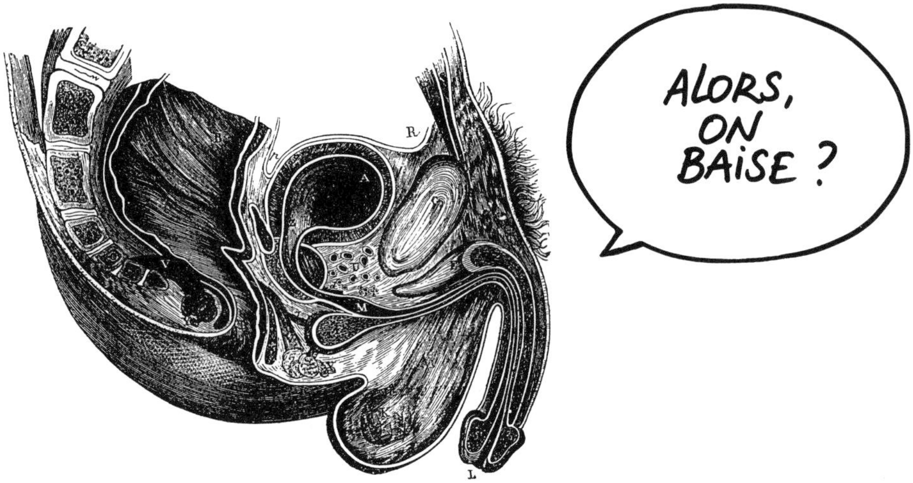

Quillaya (n.m.). En Afrique, c'est un peu l'équivalent de l'œuf Kinder. C'est une noix de coco ou un fruit comestible qui contient une surprise, mais la surprise n'est pas toujours rigolote comme chez Kinder, puisqu'il s'agit d'un scorpion, d'une mygale ou, dans le meilleur des cas, d'un noyau.

Ragréer (verbe). Ragréer signifie traire un sumo. Saviez-vous que ces gros lutteurs japonais, considérés comme des demi-dieux dans leur pays et comme de simples gros lards chez nous, donnent du lait. Pas des quantités énormes, bien sûr, mais un lait extrêmement riche en acides gras poly-insaturés. Pour traire un sumo, mettez-le à quatre pattes et faites comme pour une vache (mais à l'avant). Mon conseil : évitez de traire le sumo après le combat car il est en sueur et le pis glisse.

Rectrice (n.f.). Comme disait le docteur Barnard : celui qui pense que la rectrice est la femme du recteur l'a dans le rectum. Et comme il avait raison ! Car la rectrice est un instrument de chirurgie que l'on introduit dans le rectum pour enlever les amygdales à celui qui a les lèvres gercées. Il convient de bien rincer l'appareil après usage.

Rétrolisthésis (n.m.). C'est la transmission de pensée qui devient très en vogue à un point qu'elle pourrait bientôt concurrencer le GSM. Et lorsqu'on est en communication avec quelqu'un d'autre par transmission de pensée, à part le fait qu'on fait trululu trululu au moment où il vous appelle, on a tout de même l'air un peu moins ridicule que ces imbéciles prétentieux qui téléphonent d'un air préoccupé en conduisant leur Range Rover ou leur jeep Grand Cherokee qui, je vous le rappelle en passant, consomment jusqu'à 25 l d'essence aux 100 km à une époque où existent des autos qui en consomment 4,5. « Mais l'essence que je consomme je la paie avec mes sous ! » me répondra un de ces péteux. Et l'asphyxie de la planète, tu vas aussi la payer, connard ? Mais je m'égare... le rétrolisthésis est donc la transmission de pensée (sur laquelle les télécoms se demandent comment elles vont pouvoir percevoir une redevance).

Rhegmate (n.m.). C'est ainsi que l'on appelait les croquemorts avant de les appeler croquemorts. Mais alors, me direz-vous, pourquoi s'est-on mis à les appeler croquemorts puisqu'ils avaient un nom ? C'est très simple. Jadis, ces bonshommes qui venaient chercher le corps des défunts donnaient traditionnellement un pourboire à celui qui leur avait renseigné l'affaire. Mais voilà ! Très vite, des petits plaisantins imaginèrent un commerce rentable : ils appelaient le croquemort, touchaient la pièce et, lorsque ce dernier voulait embarquer le corps, le mort se relevait et s'encourait rejoindre son complice. C'est depuis ce temps-là que les croquemorts ont pris l'habitude, avant de donner la pièce, de mordre de toutes leurs forces un des

doigts de pied du défunt pour être certains qu'il ne joue pas la comédie. D'où l'expression croquemort. Demain, je vous expliquerai la locution pompes funèbres.

Rhinosporidiose (n.f.). Une rhinosporidiose est une bonne blague comme l'une des cent bonnes blagues consignées dans le Marabout Flash n° 53 « Je fais des bonnes blagues ». En voici une qui est très amusante et très rigolote et aussi très drôle : profitez de l'absence d'un ami mélomane pour sortir tous ses disques compact de leur coffret et les remettre au hasard dans d'autres. Le chef de la discothèque de Radio France à qui j'ai fait cette rhinosporidiose il y a quinze jours a déjà essayé de m'écraser trois fois avec sa voiture.

Rusbrock (Jean de). Trou du cul professionnel. Né à Hannut en 1938, Rusbrock est devenu testeur de suppositoires pour un grand groupe pharmaceutique américain. Comme certains musiciens ont l'oreille absolue ou d'autres sont donneurs de sang universels, Rusbrock est considéré par les milieux scientifiques comme le trou de balle absolu. Un peu comme Jean-Marc Morandini, mais dans un autre registre, lui.

Sodoku (n.m.). Science millénaire chinoise. Contrairement à l'acupuncture, l'homéopathie ou l'ostéopathie considérées comme des médecines parallèles, le sodoku est une médecine perpendiculaire. C'est à peu près tout ce qu'on en sait, mais c'est déjà pas mal, quand on pense qu'on aurait pu n'en savoir rien du tout.

Stroma (n.m.). Perroquet d'Amazonie. Le stroma est sourd et muet de naissance. Mais alors, me direz-vous, il n'arrive pas à répéter tout ce qu'on dit? Si fait! Si fait! Le stroma, pour sourd et muet qu'il soit, n'en est pas moins perroquet, et le perroquet a ça dans le sang. Le stroma est capable de lire sur les lèvres et il répète ce qu'on a dit avec ses petites pattes, en langage gestuel.

Sulfogaïacol (n.m.). Diapositive opaque permettant aux non-voyants de se faire des soirées diapos entre eux, comme tout le monde.

Xylophage (n.m.). De xylophone et anthropophage. Les xylophages étaient ces tribus anthropophages d'Afrique centrale qui ne se nourrissaient que de joueurs de xylophones. Mais depuis quelques décennies, les xylophages ne trouvent plus leur nourriture favorite comme ils le voudraient. Alors ils ont été obligés d'essayer le trompettiste et le clarinettiste, mais les instrumentistes à vent, ça leur donne de l'aérophagie. Désormais, les xylophages se résolvent à consommer du xylophoniste en boîte, mais ça n'a pas le même goût.

Zaborowski (Sigismond). Fondateur et actuel directeur de Disneyland-Albanie qui a déjà attiré plus de 600 visiteurs en un an et demi. Il faut dire que c'est un univers assez magique : le gigantesque parcours sur rail qui, au dire de ceux qui l'ont essayé, sera encore plus enivrant lorsqu'il y aura des wagonnets. La rivière sauvage : dans laquelle l'arrivée de l'eau sera la bienvenue, mais, tant qu'il n'y a pas d'eau, le manque de barques ne se fait pas trop ressentir. Il y a aussi le grand chemin de terre battue et de cailloux qui attire aussi beaucoup de visiteurs. Et enfin, le clou du parc d'attraction, la pointe de la technologie moderne : la Lada 1500 montée sur quatre parpaings et dans laquelle les visiteurs peuvent s'asseoir et jouer avec tous les boutons. Vous pouvez dès maintenant réserver votre séjour de quinze jours à Disneyland-Albanie pour 7 495 FB. Voyage en camion Gosselies/Tyrana. Sur place : pension complète dans un hôtel avec lit à moins de quatre heures de marche du parc. Billet d'entrée inclus dans le prix. Retour libre.

Zawya (n.m.). Du nom de son inventeur : Jean-Edern Zawya. Le zawya est une invention idiote. C'est du papier de toilette de couleur brun foncé. Personnellement, j'en ai acheté une fois (parce que ça allait bien avec la couleur de mes yeux), mais on ne m'y prendra plus.

CHER DOCTEUR G.,
JEAN-MARIE LE PEN
EST-IL DE DROITE OU
D'EXTRÊME DROITE ?

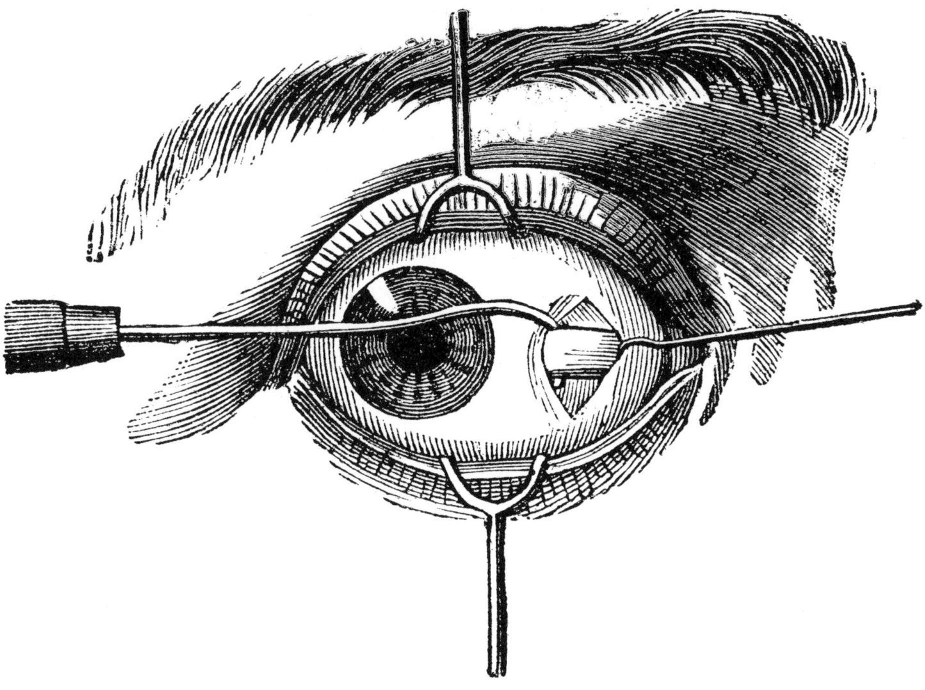

FIG. 443.

IL EST TRÈS DIFFICILE DE RÉPONDRE
SCIENTIFIQUEMENT À CETTE QUESTION.
CE DONT ON PEUT ÊTRE CERTAIN, D'APRÈS
LE DOCUMENT CI-JOINT, C'EST QU'IL
REGARDE À DROITE.

VAINQUEUR D'UNE PARTIE DE CACHE-CACHE EN 1978

Zizith (n.m.). Mise à mort d'un genre nouveau. Les Américains, qui ne sont pas que des imbéciles, ont beaucoup planché sur le sujet de l'exécution capitale d'un condamné ou d'un nègre. Au début, ils faisaient comme tout le monde, ils pendaient ou ils fusillaient jusqu'au jour où Jean-Sébastien Chase-Electric inventa le siège qui porte aujourd'hui son nom. Puis vint Raoul Pickur qui révolutionna l'art de la mise à mort en proposant l'injection mortelle : cinq personnes font une piqûre au condamné et, comme pour le coup de la balle à blanc, une des seringues ne contient que du sérum physiologique et, ainsi, chaque bourreau peut se dire que ce n'est peut-être pas lui qui a donné la mort. La dernière invention présentée au salon EXECUTORAMA de Chicago est l'exécution par noyade : cinq personnes doivent plonger la tête du condamné dans cinq seaux d'eau jusqu'à ce que mort s'en suive et, comme pour le coup de la seringue, dans un des seaux il n'y a pas d'eau.

Zodarion (n.f.). Réunion des adeptes du culte de Zodar selon lequel toute l'histoire de notre planète ne serait qu'un immense film dont nous serions les acteurs. Le big bang aurait été le clap de début suivi du mot : « Action ! » Et lorsqu'apparaîtra le mot fin sur l'écran, le générique commencera à défiler : tous les protagonistes seront mentionnés par ordre d'entrée en scène. Ensuite, on entendra : « Coupez ! », la salle se rallumera et le Grand Cinéaste à la Barbe Blanche dira : « Elle est bonne, Coco ! » Mais ceux qui, parmi eux, croient à la métempsycose prétendent qu'à cet instant il ajoutera : « Mais on la double par sécurité ! »

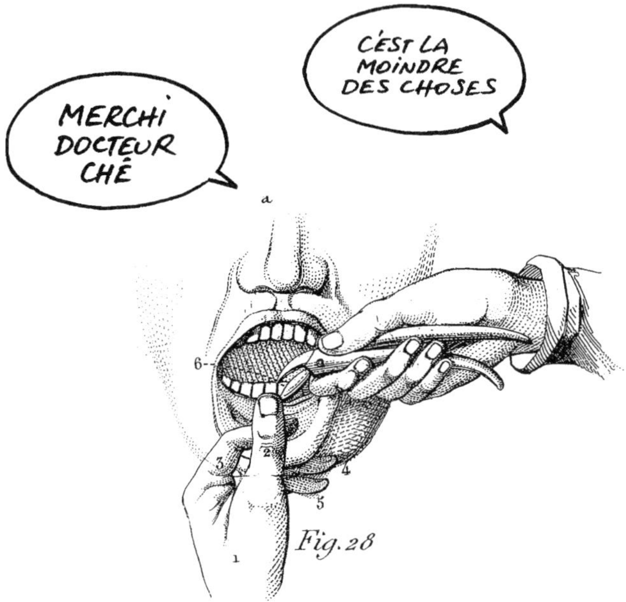
MERCHI DOCTEUR CHÉ
C'EST LA MOINDRE DES CHOSES
Fig. 28

INDEX

Nota- Cet index donne la liste des principaux mots clefs.
Il n'a pas été possible d'y faire figurer tous les noms propres cités dans cet ouvrage pour des raisons de place évidentes.

Acébrochol 129
Aigremoine 129
Batracine 131
Biscôme 132
Bourdaine 132
Cabanis 132
Cher 6, 7, 8, 10, 11, 12, 15, 16, 18, 19, 11, 21, 22, 23, 24, 25, 26, 28, 29, 31, 32, 33, 35, 36, 37, 38, 39, 41, 42, 44, 45, 46, 47, 48, 50, 51, 52, 53, 54, 57, 58, 59, 62, 63, 64, 65, 68, 69, 70, 71, 72, 73, 74, 75, 78, 79, 82, 84, 85, 86, 87, 88, 89, 90, 92, 93, 95, 96, 97, 98, 99, 100, 102, 104, 105, 106, 107, 108, 109, 110, 112, 113, 114, 115, 117, 118, 119, 121, 122, 123, 124, 125, 126, 127, 128, 130, 132, 133, 134, 135, 136, 138, 139
Dégrillage 134
Démersal 135
Docteur 6, 7, 8, 10, 11, 12, 15, 16, 18, 19, 11, 21, 22, 23, 24, 25, 26, 28, 29, 31, 32, 33, 35, 36, 37, 38, 39, 41, 42, 44, 45, 46, 47, 48, 50, 51, 52, 53, 54, 57, 58, 59, 62, 63, 64, 65, 68, 69, 70, 71, 72, 73, 74, 75, 78, 79, 82, 84, 85, 86, 87, 88, 89, 90, 92, 93, 95, 96, 97, 98, 99, 100, 102, 104, 105, 106, 107, 108, 109, 110, 112, 113, 114, 115, 117, 118, 119, 121, 122, 123, 124, 125, 126, 127, 128, 130, 132, 133, 134, 135, 136, 138, 139
Durillon .... absent de l'ouvrage
Et 6, 7, 8, 9, 10, 11, 12, 15, 16, 18, 19, 11, 21, 22, 23, 24, 25, 26, 28, 29, 31, 32, 33, 35, 36, 37, 38, 39, 41, 42, 44, 45, 46, 47, 48, 50, 51, 52, 53, 54, 57, 58, 59, 62, 63, 64, 65, 68, 69, 70, 71, 72, 73, 74, 75, 78, 79, 82, 84, 85, 86, 87, 88, 89, 90, 92, 93, 95, 96, 97, 98, 99, 100, 102, 104, 105, 106, 107, 108, 109, 110, 112, 113, 114, 115, 117, 118, 119, 121, 122, 123, 124, 125, 126, 127, 128, 130, 132, 133, 134, 135, 136, 138, 139
Henri de Ciney 28
Index 159

Le Docteur G. tient à remercier :

Jacques Mercier, Marc Moulin, Soda, Jean-Jacques Jespers, Jules Metz, Virginie Svenson, Éric De Staercke, Hugues Daillez, Pierre Guyaut, André-Herman Lemoine, Jean-Pierre Hautier, Fabienne Vandemersch, Roger Debaste, Robert Delechambre, Béa Ercolini et Benoît Moulin dont les rires fraternels lui ont permis de traiter du malheur des autres sans sombrer lui-même dans la déprime la plus totale. Merci à Jacques Mercier et Marc Moulin d'avoir inventé *La semaine infernale*. Merci à Philippe Gouders d'avoir si bien réalisé le CD et à Stéphane Lizin de l'avoir si bien prise-de-soné. Merci à Jacques Mercier d'avoir produit l'émission (bien que ce soit Christine Pinchart qui fasse tout). Merci à Isabelle Mottrot d'avoir accueilli le Docteur G. dans *Audimatraquage* réalisé par Philippe Labrousse sur France-Inter. Merci à Laurent Ruquier d'avoir permis de remettre le couvert dans *Changement de direction*. Merci à Michel Bareau et Jean-Luc Ruault pour la maquette de ce présent ouvrage. Merci à Juan d'Oultremont d'avoir pris sur ses heures de table pour me trouver des vieux dictionnaires médicaux. Et surtout un immense merci à Richard Clayderman qui s'est dérangé chaque jeudi soir pendant quatre ans pour venir jouer son morceau en direct pendant que je parlais.
C'est pas Rostropovitch qui aurait fait ça.

Photo de couverture : Reporter– Jean Davister– Pascal Broze
Maquillage : Tanguy Gréban, à eux aussi, merci.

Et enfin, merci à la RTBF de nous avoir fourni l'électricité sans laquelle cette émission de radio n'aurait jamais eu lieu.

Couleurs : Serge Dehaes